Lehr- und Handbücher
zu
Sprachen und Kulturen

Herausgegeben
von
José Vera Morales
und
Martin M. Weigert

Bisher erschienene Werke:

Baumgart · Jänecke, Rußlandknigge
Padilla Gálvez · Figueroa de Wachter, Wirtschaftsspanisch
Rathmayr · Dobrušina, Texte schreiben und präsentieren
auf Russisch
Schäfer · Galster · Rupp, Wirtschaftsenglisch, 11. Auflage
Zürl, English Training

Wirtschaftsspanisch Textproduktion

Producción de Textos de Español Económico

Von

Univ.-Prof. Dr. Jesús Padilla Gálvez M.A.

und

Lekt. Lic. Fátima Figueroa de Wachter

R. Oldenbourg Verlag München Wien

Die Deutsche Bibliothek - CIP-Einheitsaufnahme

Padilla Gálvez, Jesús:
Wirtschaftsspanisch, Textproduktion = Producción de textos de
español económico / von Jesús Padilla Gálvez und Fátima Figueroa
de Wachter. - München ; Wien : Oldenbourg, 1997
   (Lehr- und Handbücher zu Sprachen und Kulturen)
   ISBN 3-486-24459-0

© 1997 R. Oldenbourg Verlag
Rosenheimer Straße 145, D-81671 München
Telefon: (089) 45051-0, Internet: http://www.oldenbourg.de

Gedruckt auf säure- und chlorfreiem Papier
Gesamtherstellung: Druckhaus "Thomas Müntzer" GmbH, Bad Langensalza

ISBN 3-486-24459-0

„Los principales inconvenientes de la sociedad económica en que vivimos son la incapacidad para procurar la ocupación plena y su arbitraria y desigual distribución de la riqueza de los ingresos."

J. M. Keynes

Dedicado a Rosario y Juan;
y a Doris, Anita y Manfred.

VORWORT

Textproduktion wendet sich an Studierende einer wirtschaftswissenschaftlichen Fachrichtung (Handelswissenschaften, Betriebswirtschaftslehre, Volkswirtschaftslehre usw.) entweder an einer Universität oder einer Fachhochschule. Die zweite Zielgruppe sind Manager und deren Mitarbeiter im deutschsprachigen Raum, die Kontakte zu Unternehmen im spanischsprachigen Raum bereits haben oder erst aufnehmen wollen. Das Lehr- und Arbeitsbuch wendet sich auch an KandidatInnen von Prüfungen aus Wirtschaftsspanisch (z. B. die Prüfung Wirtschaftsspanisch an der Handelskammer), für die es aktuelle und an landeskundlichen Fakten orientierte Informationen anbietet.

Textproduktion setzt bereits Grundkenntnisse in Spanisch voraus und soll auf die Produktion von verschiedenen Textsorten im spanischsprachigem Wirtschaftsraum vorbereiten. Innerhalb der zehn Lektionen werden folgende Fertigkeiten vorgestellt und geübt: Lebenslauf, Schriftliche und mündliche Bewerbung, Handelsbriefe, Berichte und Protokolle, Rezensionen und *Abstracts*, Interpretation und Aufbauen von Statistiken, wissenschaftliches Arbeiten.

Das Buch vermittelt einen Eindruck von den wirtschaftlichen Strukturen in Spanien und Lateinamerika. Die Inhalte der zehn Lektionen geben einen Einblick in bevölkerungs-soziologische Aspekte, arbeitsrechtliche Beziehungen, die Beschäftigungssituation, Sektoren der Wirtschaft, betriebswirtschaftliche Aspekte, Handels-beziehungen und einiges mehr. Die dargebotenen Textbeispiele zeichnen sich durch einen aktuellen Bezug, hohen Informationsgehalt, und wirtschaftlich-orientiertes Vokabular aus.

Jede Lektion bietet dem Studierenden mindestens drei Aufgabenbereiche an: der erste Bereich bietet Übungen zur Zeichensetzung (Akzentuierung und Interpunktion) und zu grammatikalischen Besonderheiten der Textproduktion an. Der zweite Bereich beschäftigt sich mit a) Fragen zum Verständnis des Textes (*Multiple choice - system*), b) der Analyse von speziellen Aspekten und c) über den Text hinausgehenden Fragen und Antworten zum Text. Der dritte Bereich soll die Studierenden zur eigenständigen Textproduktion anregen, wie zum Beispiel das Verfassen eines Lebenslaufes usw.

Darüber hinaus stellt das Buch in zehn Kapiteln ca. 500 wichtige Fachbegriffe vor. Diese Fachbegriffe werden in den Textbeispielen vorgestellt und in einem Kontext geübt, welcher auf den Erfahrungshintergrund der Studierenden eingeht. Der Lernende soll damit seine allgemein sprachliche Kompetenz so erweitern, daß er in der Lage ist, sich im berufsbezogenen und fachsprachlich geprägten Umfeld angemessen auszudrücken.

In den zehn Lektionen werden alle Bereiche der Wirtschaft abgedeckt. Die Einflüsse der Integration (z. B. EU, TLCAN/NAFTA, Mercosur, usw.) auf die wirtschaftliche Entwicklung der spanischsprachigen Länder werden ebenso berücksichtigt wie interkulturelle Aspekte. Dabei wird von Verhältnissen ausgegangen, wie sie z.B. in Spanien oder Lateinamerika gegeben sind und welche sich in idiomatischen Besonderheiten wie (*¿Qué sabe de ... ?*) ausdrücken.

In dem Buch wende ich mich entschieden gegen die überholte Art, landeskundliche Texte nur auf Folklore, Gebräuche und Vorurteile zu begründen. Es ist erstaunlich, daß am Ende des 20. Jahrhunderts vielfach noch die Einstellungen und Vorurteile aus dem 19. Jahrhundert existieren und nicht selten das Zustandekommen von Geschäftsverbindungen erschweren oder gar verhindern. Landeskunde soll das heutige Leben und die Problemlage eines Landes von bevölkerungsspezifischen, sozioökonomischen sowie politischen Gesichtspunkten aus beleuchten.

Im Anhang finden sich eine Bibliographie, wichtige Adressen (*Internet*) für den Unterrichtsgebrauch, Abkürzungen und *Incoterms*, eine Angabe der Grafiken und Statistiken, Lösungen zu den Arbeitsaufgaben und ein alphabetisches Sachregister in Spanisch - Deutsch und Deutsch - Spanisch.

Textproduktion verbindet somit Lexikon, Lehr- und Arbeitsbuch. Ebenso werden Graphiken, Tabellen und Diagramme für die Produktion von Texten vorgestellt. Die Wortschatzarbeit ist entscheidungsorientiert, handlungsbezogen und fachlich ausgerichtet.

Textproduktion ist sowohl zum Selbststudium als auch für den Gruppenunterricht geeignet. Der Lernerfolg ergibt sich daraus, daß die Lernenden bestimmte Arbeitsschritte zuerst angeleitet und dann selbständig vollziehen, anschließend ihre Arbeitsergebnisse im Plenum vergleichen und so zur Reflexion des eigenen Lernweges gelangen.

Die Aufgaben zielen auf eine Perfektionierung der Wirtschaftssprache und deren Anwendung in einem Kontext ab, der den Lernenden persönlich betrifft. Dadurch soll es zu einer Reflexion der Unterschiede und der verständnisfördernden wirtschaftsbezogenen interkulturellen Erkenntnis kommen.

Der Aufbau der Textproduktion beruht weitgehend auf fachlichen Progressionsprinzipien. Da in der heutigen Wirtschaftslehre Gesamtdarstellungen unter verschiedenen Aspekten vollzogen werden können, haben wir uns für einen sozio-geographischen Einstieg in die Arbeit entschieden.

Wenn es keine zwingenden Gründe dagegen gibt, sollte in der vorgegebenen Reihenfolge gearbeitet werden. Das garantiert einen schrittweisen Aufbau des Fachwortschatzes. Sollten bei der Umstellung Lexikprobleme auftreten, dann läßt sich die Übersetzung für die entsprechenden Begriffe über das Register am Ende auffinden. Dieses Register ist sowohl nach Lektionen wie alphabetisch geordnet.

Textproduktionen ist das Ergebnis einer Zusammenarbeit mit einer Seminargruppe Spanisch Fachgruppe an der Johannes Kepler Universität Linz. Es wurde über einen längeren Zeitraum mit mehreren Gruppen von Frau Fátima Figueroa de Wachter und mir erprobt und unter Berücksichtigung der Vorschläge und Anregungen von Studierenden aus den Seminaren gestaltet. Es sei daher an dieser Stelle allen StudentInnen gedankt, die durch Ihre Rückmeldungen konstruktiv beigetragen haben.

Univ.-Prof. Dr. Jesús Padilla Gálvez M.A.

INHALTSVERZEICHNIS

X

LECCIÓN 1

SIGNOS DE CORRECIÓN DE ESCRITOS

El Instituto Nacional de Racionalización del Trabajo, organización dependiente del Consejo Superior de Investigaciones Científicas (CSIC), en conexión con otras entidades internacionales, ha normado los signos de corrección. A continuación figuran los signos, subrayados y llamadas más usuales.

Signo	Significado
/	poner acento
⊥	espaciar
⊥.	punto y seguido
↓	quitar espacio
#	poner espacio
Γ	añadir letra, palabra
⌐	párrafo aparte
×	quitar acento
_____	poner cursiva
∿∿∿	poner negrita
=	poner minúscula
≡	poner mayúscula
⊢⊣	sustituir letra, palabra
ℓ	suprimir letra, palabra
⌐, ; :	poner coma, punto y coma, dos puntos
Γ	poner sangría
∿	transposición o cambio de orden
)(	separar líneas
‹›	juntar líneas
?	ver original

Ejercicio: *Corregir el texto siguiendo las normas de signos de corrección:*

Los beepers en el mundo

La industria de los buscapersonas se inició en 1950, siendo los primeros *beepers* aquellos de voz y tono. Éstos fueron desplazados por los numéricos, en los que se veía el número telefónico al que el portador debía comunicarse; y finalmente los alfa numéricos, donde aparecen mensajes con números y letras
La capacidad de memoria de los *beepers* alfa numéricos se depende del aparato en si. La memoria minima consta de casi 200 caracteres y hay algunos donde se puede transmitir pequeñas cartas.

Hasta el año pasado existían aproximadamente 70 millones de usuarios en el mundo y se cree que en el 2000 se incrementarán a alrededor de 200 millones. A 1994, los países con más penetración eran Singapur, con cerca de 30 %; Hong Kong, con casi 20 %; Corea del Sur, con 13 %; Taiwan, con 11 %; y Estados Unidos con 10 %.
El uso de *beepers* a nivel latinoamericano se ha incrementado de 0.08 % en 1991 a 0.4 % en 1995, y sólo entre 1994 y 1995 se registró un crecimiento del 70 %. Brasil, seguido por México, Puerto Rico y Colombia, es uno de los países con más colocaciones. El Peru registraba entonces una penetración de algo más de 0.1 %.

LOS SIGNOS DE PUNTUACIÓN
El Punto [.]

El *punto y seguido* separa oraciones sin nexo sintáctico manifiesto, pero relacionadas temáticamente. El *punto y aparte* separa párrafos que tratan temas distintos. Es suficiente que haya alguna ruptura en la línea temática o algo nuevo en el discurso para que se justifique su uso. El *punto final* se usa al terminar un escrito.

EL TERRITORIO Y LA ECONOMÍA

La orografía impone restricciones al desarrollo de la actividad económica en un país, entre otros aspectos al dificultar las comunicaciones y reducir las posibilidades de cultivo del suelo. España se encuentra en la periferia geográfica de Europa, limitada por los Pirineos. Consta de un litoral cortado por barreras naturales que levantan las cordilleras y una gran meseta. Por esta razón, es uno de los países con mayor altitud media del continente.

El país se divide en tres regiones biogeográficas muy diferenciadas. La Cornisa Cantábrica y Galicia son de clima Atlántico y con una flora „eurosiberiana"; la región central es una región de clima continental y la franja costera tiene un clima mediterráneo. La biodiversidad del territorio español es muy diversa y de un acusado contraste.

Los procesos de crecimiento y cambio económico tienen una dimensión geográfica, asociada a nuevas tendencias de localización y redistribución de la actividad económica. El inconveniente de la posición geográfica de España ha tenido unos efectos económicos desfavorables. Si bien, a pesar de estar alejada del centro de Europa, ha sabido atraer las corrientes turísticas, de inversiones o comerciales. Esto ha supuesto unos cambios significativos del mapa económico territorial.

Los dos puntos [:]

1°   Se usan para enumerar elementos contenidos en una oración.

Ej.:   *Chile limita con: Perú, Argentina y Bolivia.*

2°   Cuando sigue una cita textual.

A)   En el estilo directo.

Ej.:   *Basadre dijo: "El Perú es el país de las oportunidades perdidas."*

B)   Después de expresiones de saludo en cartas.

Observación: después de los *dos puntos*, se escribe con minúscula excepto si sigue una frase entre comillas o encabezamiento de cartas.

LA POBLACIÓN

El papel económico de la población presenta múltiples facetas, con arreglo a la ubicuidad de este factor en el proceso de producción, distribución y consumo. El estudio de la población supone también la investigación estadística de las tendencias en la influencia sobre el volumen y distribución de la población, como las tasas de nacimiento, de mortalidad, la edad media del matrimonio, tamaño de la familia, migraciones, etcétera. El crecimiento de la población es el resultado de la suma, por un lado, del crecimiento natural; y, por otro, del crecimiento migratorio. J. Nadal[1] ha sintetizado la cronología del desarrollo demográfico español en las siguientes etapas:

-     La reducción de la mortalidad catastrófica.
-     La reducción de la mortalidad ordinaria (infantil).
-     El descenso de la natalidad.
-     El envejecimiento de la población.
-     La desaceleración del crecimiento demográfico.

[1] J. Nadal (1991): *La población española (Siglo XVI a XX).* Barcelona, Ariel y A. Blanes, F. Gil y J. Pérez (1996): *Población y actividad en España: evolución y perspectivas.* Barcelona, Servicio de Estudios „La Caixa".

Los puntos suspensivos [...]

1°   Se usan cuando no se quiere completar la oración o se desea dejar el sentido en suspenso.

Ej.:   *Me dices que soy ambicioso y tú ... Pero más vale olvidarlo.*

2°   Cuando se hace una enumeración incompleta.

Ej.:   *En el curso hay estudiantes de: Italia, Francia, China ...*

3°   Cuando se cita un texto incompleto.

Ej.:   *La mayoría de los cuentos empiezan así: „Érase una vez ...“*

LA POBLACIÓN ACTIVA

Según la *Encuesta de Población Activa* (EPA) se define a la *población económicamente activa* (PA) como el conjunto de personas de 16 y más años que desempeñan o se esfuerzan por encontrar un empleo remunerado. Según C. Castaño y E. Viaña,[2] la PA se subdivide en: activos, inactivos y población contada aparte que realizan el servicio militar o el civil sustitutorio. Los activos se subdividen a su vez en: ocupados y parados. Los ocupados constan de asalariados, es decir, los trabajadores por cuenta ajena; y los trabajadores por cuenta propia. Entre los parados se encuentran los que buscan su primer empleo y los que han trabajado antes. Entre los inactivos se cuentan: los estudiantes, las amas de casa, los jubilados y retirados, las personas con pensión distinta de la jubilación, las personas que realizan actividades de tipo benéfico, los incapacitados para trabajar y otros. La *tasa de actividad* (TA) está definida como el cociente entre la población activa y la población mayor de 16 años, es decir:

$$TA = PA \, / \, P_{\geq 16}$$

De dicha definición se deduce:

$$PA = P_{\geq 16} \cdot TA.$$

---

[2] C. Castaño y E. Viaña (1995): Población y recursos humanos. En: *Lecciones de economía española.* (Ed. J. L. García Delgado). Madrid, Editorial Civitas, pp. 95-120.

Ejercicios de comprensión acerca del texto sobre el territorio y la economía.

Cuestiones	Sí	No
¿Una orografía compleja estimula la actividad económica?		
¿Es España un país donde predomina la costa?		
¿Tiene España sólo un clima mediterráneo?		
¿Está la economía vinculada a la geografía?		
¿Ha limitado la ubicación geográfica la actividad turística?		

Ejercicio de expresión libre. Hable con sus compañeros sobre un país de la Unión Europea acerca de los siguientes aspectos y escriba un comentario:

°   *Concentración y distribución de la población por regiones.*
°   *Tasas de nacimiento y mortalidad.*
°   *Diferencias entre el tipo de vida en la ciudad y en el campo.*
°   *Desarrollo de la demografía.*

Preguntas de comprensión sobre la población activa:

Preguntas	Respuestas
¿Qué es la „EPA"?	
¿Qué es la „PA"?	
¿Cómo se subdivide la „PA"?	
¿Establezca la diferencia entre „activos" e „inactivos"?	
¿Cómo se define la „TA"?	

La coma [,]

1° El vocativo se escribe seguido de *coma* si va al principio de una oración y entre dos comas si va en medio.

Ej.: *Andrés, haga el favor de leer el texto.*

2° Se usa para separar una serie de palabras o frases.

Ej.: *El primero de marzo de 1995 entró en vigor el Mercosur (Mercado Común del Sur), que agrupaba a Argentina, Brasil, Uruguay y Paraguay.*

3° Cuando se interrumpe la oración.

Ej.: *Se levantó y, sin decir nada , se fue.*

4° Después de las expresiones: „es decir", „en fin", „esto es", „sin embargo", „no obstante", „por último", etc., cuando la oración es corta; de lo contrario, se usará *punto y coma.*

Ej.: *Sin embargo, la producción local no puede competir en calidad con las mercancías importadas.*

5° Cuando se invierte el orden sintáctico en la oración.

Ej.: *Tradicionalmente, los rusos son un pueblo amante de comprar flores y plantas.*

6° El complemento explicativo se escribe entre comas.

Ej.: *La información, poco fiable, fue rechazada.* (Se rechazó toda la información). *La información poco fiable fue rechazada.* (Se rechazó parte de la información).

7° La aposición se escribe entre comas.

Ej.: *Viena, la capital de la música, tiene más de un millón de habitantes.*[3]

---

[3] No se escribe *coma* (contrariamente al alemán): delante del *'que'* (*daß*) (Ej.: Esperamos que la mercancía llegue pronto); delante de *'si'* (*ob*) (Ej.: No sabemos si estarán de acuerdo con nuestra oferta); delante de *frases relativas* que son imprescindibles para la comprensión de la oración principal (Ej.: Una empresa que no puede cumplir sus obligaciones tiene que declararse en quiebra).

EL CAPITAL HUMANO Y LA EDUCACIÓN

Según G. S. Becker[4] bajo „capital humano" se entiende al agente económico poseedor de una determinada capacidad de trabajo que puede ponerla al servicio de uno o más empresarios. El propietario de capital humano cede sus servicios a lo largo de toda la vida profesional, recuperando con el tiempo todas las inversiones que pueda haber realizado para aumentar su capacidad. Por esta razón, las inversiones en capital humano son menos líquidas que el capital en dinero que puede realizar inversiones y liquidarlas.

Supongamos que una familia se decide a invertir en un hijo, por caso un estudiante de Viena, a fin de incrementar sus ingresos en el futuro. Así pues, durante un lapso de tiempo (5 años) sus rentas serán menores que en ausencia de inversión; y, posteriormente, hasta el fin de su vida laboral, ganará más dinero. La tasa de rentabilidad del capital humano de cada uno de los estudiantes de Viena es una tasa de rentabilidad privada. Es decir, sólo tomamos en cuenta la mayor utilidad para el estudiante derivada de la inversión familiar.

Además, tendremos que tener en cuenta los efectos externos, por ejemplo las becas de estudio, que inciden en la formación de capital humano. El principal efecto externo es estimular el crecimiento económico y la creación de empleo, gracias a una mayor inversión. Por esta razón tiene sentido que el Estado subvencione la formación de capital humano *ex ante* a su rentabilidad social. Así pues, la inversión en educación y formación profesional aumenta efectivamente la productividad de cualquier individuo. Ahora bien, también es posible que la educación funcione como un filtro de capacidades, es decir que mediante la formación del capital humano se discrimine a los peores candidatos.

---

[4] G. S. Becker (1964): *Human capital*. Nueva York, Columbia University Press, [trad. esp.: (1983): *El capital humano*. Madrid, Alianza Editorial].

El punto y coma [;]

1°   Se usa para separar entre sí oraciones que llevan comas.

Ej.:   *De los 13 millones de inmigrantes que hay en Europa, 3 millones provienen de África; 2 millones de Asia; 2,5 millones de Turquía, y 1 millón de Europa del Este.*

2°   Delante de una oración que resume todo lo expresado anteriormente.

Ej.:   *Las luces están apagadas, la puerta está cerrada, no hay ningún estudiante; todo parece indicar que no hay clases.*

3°   Para evitar confusiones.

Ej.:   *El primer año arrojó la balanza saldos positivos; pequeñas ganancias, el segundo; antes del cierre, fue catastrófico.*

4°   En relación de nombres, cuando a éstos sigue el cargo y ocupación de la persona.

Ej.:   *María, directora; Juan, gerente; y Andrés, vendedor, se propusieron poner la empresa familiar a salvo.*

LA INVERSIÓN EMPRESARIAL

Bajo inversión se entiende el flujo de producción que se orienta a incrementar el capital fijo de la sociedad o el volumen de existencias. La inversión empresarial recoge „... el gasto destinado por las empresas a la adquisición de activos reales directamente vinculados a la actividad productiva."[5] Por tanto, está determinada por: la producción esperada, el coste de uso del capital, la velocidad de ajuste al capital deseado y el marco institucional. La inversión empresarial en España está influenciada además por:

-   La producción esperada.
-   El coste de uso del capital y los salarios.
-   La secuencia temporal de la inversión.
-   El estado de las expectativas a largo plazo.

---

[5] E. Bandrés (1995): Formación de capital. En: *Lecciones de economía española.* (Ed. J. L. García Delgado). Madrid, Editorial Civitas, pp. 121-142.

Enumere en un enunciado mediante el uso de la coma („,") lo
siguiente: *Los países miembros de la Unión Europea.*
                     Las cuatro lenguas más habladas en el mundo.
                     Las tres cosas que más le agraden.
                     Los programas de televisión que prefiere.

Ejercicios de comprensión sobre capital humano e inversión:

Cuestiones	Sí	No
¿Disminuye la educación la productividad?		
¿Influyen los salarios en la inversión empresarial?		
¿Está influenciada la inversión por las expectativas?		
¿Funciona la educación como un filtro discriminante?		

Preguntas de comprensión sobre capital humano e inversión:

Preguntas	Respuestas	
¿Qué se entiende por „capital humano"?		
¿Qué diferencia encuentra entre las inversiones líquidas y el capital humano?		
¿La educación ha de ser pública o privada?	Pro	Contra
¿Considera el „sector educación" un sector productivo?		
¿Qué se entiende por inversión?		

SE INCREMENTA EL USO MUNDIAL DE LA PLATA

En 1995, el uso de la plata por el sector industrial en el mundo continuó su ritmo ascendente, registrando un crecimiento del 3,5%, lo que elevó la demanda a 688.5 millones de onzas. El informe estima que la demanda de plata para fabricación continuará con esta tendencia y prevé un alza de 3,8%, es decir a 714,4 millones de onzas.

Las mayores demandas en el último año correspondieron a la fotografía, la joyería, los artículos de plata y al sector electrónico. Así, la industria fotográfica requirió 219,7 millones de onzas en 1995, subiendo 2,9% frente a los 213,3 millones de onzas de 1994. Esta elevación se dio en virtud de la mayor presión de los consumidores de productos fotográficos, que en algunos casos reportaron un 20% de incremento en las ventas de películas y papeles que contienen plata, en especial durante la primera mitad del año.

Marque las respuestas correctas en el siguiente cuestionario:

Cuestiones	Sí	No
¿Se mide la plata en kilos?		
¿Aumentó el consumo de la plata en los últimos años?		
¿Ascenderá la demanda de plata?		
¿Se revelan más películas?		
¿Ha aumentado el precio de la plata?		
¿Demandan los consumidores más plata?		
¿Se incrementa ¼ de las ventas entre los años de 1994 y 1995?		
¿Se prevé un alza del 38% en el consumo de plata?		
¿Decreció el requerimiento de la plata en 1995 un 2,9% con respecto al año anterior?		

¿Qué sabe de ... Chile?

Chile se encuentra situado en el Cono Sur. Tiene una población de 13,5 millones de habitantes. Este país ha sido el pionero de la nueva orientación político económica y ha cambiado el panorama de los países latinoamericanos. Su economía se ha liberalizado y abierto al exterior creándose una gran potencialidad de desarrollo. En 1996 el país pudo conseguir una tasa récord de inversión, equivalente al 28% del PIB. Esto supone que para los próximos años la economía chilena podrá crecer a un ritmo similar a 6,5%. Los sectores con mayor dinamismo son: comercio, construcción, minería, transporte y comunicaciones. Se ha registrado una diversificación que ha roto el monocultivo anterior del cobre. Durante el año de 1996 la balanza comercial registró un superávit y la deuda externa se redujo.

Ahora bien, dicho crecimiento no implica una igualdad de distribución de la riqueza. Así pues, según datos oficiales, el ingreso per cápita del 20% más pobre de la población es muy inferior al promedio nacional de 4.700 dólares; dicho estrato social recibe cerca del 4,6% del ingreso nacional, mientras que el correspondiente al 20% más rico absorbe 55,4%. Alrededor del 30% de la población vive en la pobreza y cerca de un millón subsiste en la indigencia extrema.

El INE informó que de agosto de 1990 a febrero de 1996 la tasa de desempleo real osciló de 6,16% a 9,29%. Así pues, la masa laboral chilena suma alrededor de 5,5 millones de trabajadores. De abril a junio del año 1996 el desempleo alcanzó un 6,6%.

El 30 de septiembre entró en vigor el tratado de asociación de Chile con Mercosur que prevé eliminar los aranceles del 40% de los productos del intercambio y suprimir gradualmente el resto hasta el año 2004. Es miembro formal del foro Apec.

LECCIÓN 2

EL ACENTO GRÁFICO

Una de las condiciones de la buena pronunciación es la colocación de los acentos. Su representación gráfica es una raya oblicua (""") escrita sobre la vocal. Por no complicar excesivamente la escritura, se limita el empleo con arreglo a unas normas muy sencillas:

1°   Las palabras de una sílaba no llevan acento gráfico.

Ej.:   *pan, pez, mil.*

2°   Las palabras que llevan la fuerza de voz en la última sílaba y terminan en vocal, „*n*" o „*s*" llevan acento gráfico.

Ej.:   *bolsín*[1], *interpretación, interés.*

3°   Las palabras que llevan la fuerza de voz en la penúltima sílaba y no terminan en vocal, ni en „*n*" ni „*s*" se acentúan gráficamente.

Ej.:   *télex, dólar, fácil.*

4°   Palabras que llevan la fuerza de voz en la antepenúltima sílaba llevan acento gráfico.

Ej.:   *económico, déficit*[2], *índice.*

Reglas específicas

1°   Cuando en la combinación de vocales „*i/u*" + „*a/e/o*" la fuerza de voz va sobre la „*i*" o „*u*" éstas se acentúan.

Ej.:   *macroeconomía, río, garantía.*

---

[1] Se entiende por „bolsín" a la reunión de los bolsistas que efectúan operaciones fuera de la bolsa.

[2] Se entiende por „déficit" a la situación en la que los ingresos son menores que los gastos. En el contexto de la balanza de pagos, es el saldo negativo de la balanza comercial que ocurre cuando el valor de las exportaciones de bienes es menor que el de las importaciones de bienes.

2°   En la combinación de vocales „*a/e/o*“ + „*i/u*“, se acentúa la „*a*“, la „*e*“ o la „*o*“, si se cumplen las reglas generales.

Ej.:   *ahí, estáis, aprendéis.*

Diferenciación de palabras que pueden originar confusión

tu: pron. pos.	Ej.:	*Tu análisis es crítico.*
tú: pron. pers.		*Hazlo tú, por favor.*
el: art.	Ej.:	*El índice de producción[3] es alto.*
él: pron. pers.		*Él lo anunció.*
si: conj.	Ej.:	*Si están Uds. Interesados, ...*
sí: adv. afirm./		
pron.pers. dat.		*Sí. Todo es para sí.*
mas: conj.	Ej.:	*Este trabajo es difícil, mas estoy a gusto.*
más: adv.		*Pero es más complicado que el anterior.*
que: pron. rel.	Ej.:	*Es un problema que hay que resolver.*
qué: pron. int.		*¿Qué problema hay que resolver?*
mi: pron. pos.	Ej.:	*En mi opinión ...*
mí: pron. pers. dat.		*¿Es esto para mí?*
de: prep.	Ej.:	*En espera de sus noticias, les enviamos ...*
dé: v. de „dar“		*Le agradeceré que nos dé mayores detalles.*
solo : adj. (*allein*)	Ej.:	*Lo encontrarás solo en la oficina.*
sólo : adv. (*nur*)		*Lo encontrarás sólo en la oficina.*

Ponga los acentos en las siguientes frases:
El trabajo que realizo [*indefinido*] el me gusta mas que el mio.
El analisis bursatil era muy dificil.
¿Que piensa del indice de produccion?
Juan quedo [*indefinido*] solo ante el director.
¿Como esta la inflacion en Japon?

---

[3] El índice de producción es el indicador que mide todos los tipos de actividades vinculadas a la producción.

PRESENTACIÓN

El *currículum vitæ* (C.V.) es un texto que ha de ser escrito muchas veces a lo largo de nuestra vida. Este tipo de presentación se necesita, sobre todo, cuando deseamos cambiar de *puesto de trabajo* con el fin de mejorar nuestra posición y ascender en el *status* social. Su función es la de presentar de manera ordenada nuestra propia identidad. La forma y el contenido de dicho texto debe redactarse con cuidado ya que está en juego el éxito o fracaso, la futura posición profesional y la carrera del candidato. La solicitud puede presentarse en respuesta a un anuncio o dirigirse directamente a empresas en las que se supone existe la posibilidad de empleo.

Ana Pérez Cano, se ha incorporado a la empresa *G* para potenciar y desarrollar el área promocional tanto en España como en América Latina, ocupando el cargo de Directora General de Marketing Promocional. Pérez Cano, nacida en Logroño en 1947, es Licenciada en Ciencias Empresariales por la Universidad Complutense de Madrid, MBA por el IEDE (*Institute for Executive Development*). Pérez Cano procede de Schweppes, donde ha trabajado durante los últimos tres años.

Miguel Navarro, de 34 años, se ha incorporado a Nordx/ CDT como Director de Operaciones y soporte de la compañía. Navarro estudió ingeniería técnica informática en la Universidad Autónoma de México. Ha realizado cursos de especialización en informática y redes locales en el Wake Technical College en Raleigh, Carolina del Norte EE.UU. Comenzó su carrera profesional en Phaldata, S.A. Después, se incorporó a Anaya Multimedia. En 1992 entró en Hart Informática, S.A. En 1994 trabajó en Técnicas de Telecontrol y Comunicaciones, S.L.

SOLICITUD DE EMPLEO

Lea el siguiente anuncio de trabajo en el que se pide que se acompañe a la solicitud una descripción de la trayectoria profesional del candidato.

Product Manager

Nuestro cliente, multinacional líder del sector servicios, con reconocido prestigio y en continuo proceso de expansión, desea incorporar a su organización en Madrid un 'Product Manager'. El Director de Marketing, asumirá el desarrollo de los programas de Marketing y acciones comerciales bajo su responsabilidad: publicidad, estudios de mercado, realizaciones de acciones promocionales, control y seguimiento de los productos. Es un puesto dirigido a un profesional con titulación superior en económicas y experiencia de 2 - 3 años en el área de Marketing. Se ofrece incorporación inmediata a empresa líder en su sector, posibilidades de desarrollo profesional y una retribución atractiva.

Rogamos a los interesados enviar C.V. a:
Price Waterhouse Consulting S.A.
Selección de Directivos
Paseo de la Castellana, 43
E - 28046 Madrid
Indicando en el sobre la referencia: (RCR-2282)

Envíe su C.V. a *Price Waterhouse Consulting S.A.* según los siguientes ejemplos:

JUAN ANTONIO GARCÍA   **C./ PADILLA, N° 47 - 1° - A**
                             28045 MADRID

Price Waterhouse Consulting S.A.
Selección de Directivos
Paseo de la Castellana, 43
28046 Madrid

                              Madrid, 3. 12. 1998

Asunto: Solicitud de empleo RCR-2282

Muy señores míos:
He leído su anuncio publicado en el periódico
„El País" de hoy y como creo reunir las
condiciones exigidas me permito solicitar el
empleo.
 Tengo 28 años, soy licenciado en Ciencias
Empresariales por ICADE y además *master* en
Marketing. He trabajado como instructor en el
Departamento de Educación de Marketing de la
Compañía General Informática. Asimismo he
ocupado   puestos   de   responsabilidad   en
compañías   como   NCR   Corporation   España   y
Silicon Graphics. Además, con objeto de
perfeccionar mis conocimientos lingüísticos,
pasé un año en los EE.UU.
 En espera de sus noticias, se despide
atentamente

 Fdo.: Juan Antonio García

Anexos: C.V.
             Fotocopia del título
             Certificados de trabajo.

JUAN ANTONIO GARCÍA   C./ PADILLA, N° 47 - 1° - A
                               28045 MADRID

Price Waterhouse Consulting S.A.
Selección de Directivos
Paseo de la Castellana,   43
28046 Madrid

                               Madrid, 3. 12. 1998

Asunto: Solicitud de empleo RCR-2282

                    Currículum Vitae

Datos personales: Nacido en Almería el
                       1-1-1970.
Estudios: 1976-1981 Escuela primaria.
            1981-1988 Bachillerato.
            1988-1992 Estudio   de   Ciencias
                       Empresariales.
            1992-1993 Servicio Militar.
            1993-1995 Licenciado por ICADE.
            1995-1996 *Master* en Marketing
                       Experiencia
            1996-1997 Instructor   en   el
                       Departamento   de
                       Educación de Marketing
                       de la Compañía General
                       Informática.
            1997   NCR   Corporación
                       España.
            1998   Silicon Graphics
Estancias en el extranjero: 1998   en   los
                       EE.UU.
 En espera de sus noticias, se despide
atentamente

Fdo.: Juan Antonio García

Anexos: Fotocopia del título
             Certificados de trabajo.

EL EMPRESARIO

Se han estudiado la dotación de factores productivos (recursos naturales, capital humano, capital fijo, ...), las disponibilidades y restricciones de su uso y la influencia sobre el crecimiento económico. Ahora queremos analizar el empresariado. Los empresarios desean obtener beneficios por lo que emprenden iniciativas en el ámbito de la producción y de la distribución. Con este fin combinan los factores productivos que dan como resultado una mayor disponibilidad de bienes y servicios, distribuyendo la riqueza y contribuyendo al crecimiento económico de un país. La actividad empresarial contiene un doble punto de mira: por un lado, el incentivo de la ganancia personal; por otro lado, el efecto en el crecimiento de la producción y la mejora del bienestar colectivo.

Los empresarios españoles y latinoamericanos se encuentran, por lo general, en un entorno muy protegido y regulado. Este entramado de regulaciones e intervenciones desincentiva la asignación del talento empresarial hacia actividades productivas en favor de otras fuentes de renta. A partir de los años 80 se han acometido dos grandes reformas: política, la primera; y económica, la segunda. Ambas, tienen características muy similares. La primera supuso la instauración de un sistema político democrático (en España, Argentina, Chile, etc.) con nuevas normas e instituciones. La segunda, trajo consigo la integración en sistemas económicos más amplios: España en la UE; México en el TLC; Argentina en Mercosur, ... Estos cambios han transformado el comportamiento de los empresarios en el área hispanohablante. Ya no es difícil leer que la democratización

EL JUEGO DEL GATO Y EL RATÓN

Como hemos podido apreciar en la lección anterior, la educación juega un papel importante en el capital humano. Una empresa debe seleccionar al entrevistado que tenga las mejores facultades, es decir, mejor educación y formación. La siguiente entrevista debe servir como filtro de capacidad *y* debe adivinar si el entrevistado dice la verdad.

Entrevistador:	¿Cómo se llama Ud.?
Entrevistado:	Me llamo ...
Entrevistador:	¿Cuántos años tiene?
Entrevistado:	Tengo ...
Entrevistador:	¿Estudió Ud. con el Prof. González?
Entrevistado:	....
Entrevistador:	¿Por qué se dedicó a la economía?
Entrevistado:	...
Entrevistador:	¿Qué experiencia tiene en el campo del Marketing?
Entrevistado:	...
Entrevistador:	¿Dónde ha trabajado en el ámbito de la publicidad?
Entrevistado:	...
Entrevistador:	¿Ha llevado a cabo estudios de mercado?
Entrevistado:	...
Entrevistador:	¿Ha realizado acciones promocionales, de control y seguimiento de los productos?
Entrevistado:	... ¿Bajo qué condiciones me incorporo a la empresa?
Entrevistador:	...
Entrevistado:	¿Cómo me puedo desarrollar profesionalmente en la empresa y qué retribución recibiré?
Entrevistador:	...

EMPRESARIOS Y SINDICATOS

La *Confederación Española de Organizaciones Empresariales* (CEOE) es el interlocutor más fuerte de los empresarios españoles. La CEOE tiene un doble ámbito de representación: el sectorial y el territorial. En cada uno de estos ámbitos cuenta con organizaciones empresariales con un peso específico importante. Así pues, la *Asociación Española de la Banca Privada* (AEB) o la *Confederación Empresarial Independiente de Madrid* (CEIM) juegan un papel determinado dentro de la macroestructura empresarial. Además, están asociadas a la CEOE otras organizaciones con fines específicos como el *Círculo de Empresarios*.

Los sindicatos son organizaciones de los trabajadores, constituidas voluntariamente, con el objetivo de representar a los trabajadores en los conflictos, controversias o reclamos de naturaleza colectiva y celebrar convenios de trabajo. Los sindicatos pueden ser de empresa, de actividad, de gremio o de oficios, pudiendo organizarse con alcance local, regional o nacional. Los Sindicatos más importantes en España son *Comisiones Obreras* (CC.OO.) y *Unión General de Trabajadores* (UGT).

Los acuerdos firmados por empresarios y sindicatos se asientan sobre la *cultura de pacto*.[5] Esta cultura ha acentuado una tendencia centralizadora en la negociación, lo que suponía un elemento de rigidez en el mercado laboral.[6] En 1997 los Sindicatos y la CEOE pactaron una reforma laboral que afecta a la modalidad de contrato indefinido y al abaratamiento del despido. El pacto corrige los principales desajustes del mercado laboral y mejora la calidad del empleo.

---

[5] E. Torres (1995): El empresario. En: *Lecciones de economía española.* (Ed. J. L. García Delgado). Madrid, Editorial Civitas, pp. 173-187.
[6] J. Drèze (1993): *El problema del desempleo en Europa.* Bilbao, Cátedra BBV.

Ejercicios de comprensión acerca del empresariado y los sindicatos.

Cuestiones	Sí	No
¿Las iniciativas empresariales desean sólo conseguir beneficios?		
¿Se consiguen mejores beneficios con iniciativas ajenas?		
¿Está muy protegido el entorno después de la entrada en la Unión Europea?		
¿Supone la democratización menor competitividad?		
¿Se asientan los acuerdos entre Patronal y Sindicatos sobre la cultura de la concertación?		

Ejercicio de expresión libre. Discutan en clase sobre un país de la Unión Europea acerca de los siguientes aspectos y escriba un comentario:

º   *Relación entre los empresarios y los sindicatos.*
º   *Cultura de los acuerdos.*
º   *Desarrollo de los conflictos laborales.*
º   *Horas perdidas por huelgas.*

Preguntas de comprensión sobre la patronal y los sindicatos.

Preguntas	Respuestas
¿Qué es la CEOE?	
¿Qué significa UGT y CC.OO.?	
¿Qué fines persiguen las Confederaciones empresariales?	
¿Qué finalidad tienen los sindicatos?	
¿Qué se entiende por „pacto"?	

Ejercicio: Ponga los acentos en el siguiente texto:

LA CONSERVACION MODERNA DE LAS VIAS

El año 1950 comenzo la mecanizacion de la conservacion vial. El ferrocarril ha avanzado de manera significativa como medio de transporte moderno y altamente competitivo. Las altas velocidades, una creciente densidad del trafico ferroviario y mayores *cargas por eje*[7] representan nuevos retos para la tecnologia de conservacion de vias.

La fabricacion de maquinas debe tener en cuenta algunos criterios como la aplicacion de nuevos conocimientos cientificos, consideracion de avanzados metodos de produccion que garanticen un alto nivel tecnico y una fabricacion economica, mayor velocidad de trabajo y consideracion de aspectos *ergonomicos*[8]. De estas y otras consideraciones, que deben ser revisadas periodicamente, se generan impulsos para nuevas tecnologias.

Tambien hay que tener en cuenta la diversidad de niveles tecnicos y economicos de los ferrocarriles en el mundo. Debido a ello deben fabricarse maquinas simples y, al mismo tiempo, productos de la mas alta tecnologia que se adapten a los requerimientos de cada interesado.

Ademas, para el diseño de una maquina, hay que considerar las caracteristicas especificas de cada red ferroviaria como el ancho de la via, el *galibo*[9], la topografia, las condiciones climaticas, etc.

Las empresas que se dedican a la fabricacion de este tipo de maquinaria, pretenden cumplir con las exigencias particulares de cada administracion ferroviaria o empresa de trabajos de superestructura.

---

[7] *Cargas por eje* - Achslast.
[8] *Ergonómicos* - ergonometrisch.
[9] *Gálibo* - Lichtraumprofil.

¿Qué sabe de ... Costa Rica?

Costa Rica es un Estado de América Central que limita con Nicaragua y Panamá. Su tasa de natalidad era del 29‰ y la de mortalidad de 4‰ en 1990. Esto supone un crecimiento de la población acelerado dada la disminución espectacular de la mortalidad infantil. Desde mediados de siglo se ha intentado impulsar la industrialización y profundizar la reforma agraria.

Este país centroamericano ha sido uno de los más desarrollados, desde el punto de vista político y económico. Costa Rica ha tenido un papel importante en la crisis centroamericana en la que ha defendido soluciones negociadas. Por esta razón, ha propuesto la reducción del gasto militar ya que lo consideran un gasto excesivo y constituye la más injusta exacción que sufren los pueblos en Centroamérica. Ésa es la causa de una gran parte de la pobreza que agobia a los países en vías de desarrollo, porque estimula la guerra y la opresión, y también porque desvía los escasos recursos disponibles para la atención de las necesidades básicas de educación, salud y vivienda.

En Costa Rica, el libre comercio es la esperanza número uno para el desarrollo sostenido del país. Sin embargo, no hay compromiso de EE.UU. hacia la creación de una zona geopolítica en materia de comercio internacional. Los países centroamericanos no ven una opción en la apertura del Tratado de Libre Comercio (TLC) y tampoco consideran que otra medida compensatoria podría solucionar sus problemas.

Ha de tenerse presente que en el decenio de los noventa se ha manejado el tema de la migración y la amenaza de EE.UU. de expulsar masivamente a 336.000 salvadoreños, 300.000 hondureños, 185.000 guatemaltecos, 60.000 nicaragüenses y 40.000 costarricenses de acuerdo con los intereses de la Administración estadounidense, según la mayoría de observadores.

LECCIÓN 3

MERCADERÍA

El medio más corriente de comunicación entre comerciantes está constituido por la carta comercial. Su redacción con estilo comercial y claridad de expresión es importantísima. La carta comercial puede tener distintas finalidades y ello determinará diferentes modalidades de las mismas. Entre las principales tenemos:

- De pedido de géneros o servicios.
- De oferta de géneros o servicios.
- De anuncio de envío de géneros.
- De acuse de recibo de géneros.
- De reclamaciones por distintas causas.
- Circulares a clientes, etc.

SOLICITUD DE OFERTA

Cuando una empresa o un comerciante desea adquirir mercancías, escribe una *solicitud de oferta* a proveedores habituales y/o nuevos para determinar la fuente de suministro más favorable.

FRASEOLOGÍA

Introducción:
Con referencia a su anuncio publicado en ...
Su dirección nos ha sido proporcionada por ...
A través de ... hemos sabido que su empresa desea establecer relaciones comerciales con importadores /exportadores de ...
Somos una empresa que se dedica a ...

Objeto de la *solicitud de oferta*:
Estamos interesados en ...
Como hasta la fecha estamos muy satisfechos de la calidad de sus productos y deseamos ampliar nuestras operaciones, les pedimos nos hagan oferta de ...

Deseamos ampliar nuestro programa de ventas y les rogamos nos envíen una oferta de ...

Catálogos y muestras:
Por favor, envíennos un catálogo ilustrado / muestras de sus artículos.
Les agradeceríamos nos enviasen prospectos.

Precios:
Les rogamos nos manden su lista de precios.
Por favor, indíquennos sus precios FOB[1] Hamburgo / CIF[2] Linz.
Les quedaríamos muy agradecidos nos comunicaran los precios actuales de los artículos núms. 1 al 12 de su catálogo y su plazo de entrega.

Cantidad, posibles negocios futuros:
Nuestra demanda es de 160 piezas.
Sírvanse indicarnos si podrían cubrir nuestras necesidades del citado artículo que ascenderán a 8 toneladas mensuales.
Si la calidad de sus artículos nos satisface, ... pueden Uds. contar con próximos pedidos.

Condiciones de entrega y de pago:
Les agradeceríamos nos informasen acerca de sus condiciones de entrega y pago.
Les rogamos nos indiquen sus modalidades de pago.

Despedida:
Les saludamos muy atentamente.
Esperamos que nos sometan una oferta de interés y les saludamos muy atentamente.

---

[1] FOB *(Free on Board Value):* Franco a bordo *(frei an Bord).* Precio de las mercancías a bordo en el puerto de embarque. Se diferencia del Valor FAS *(Free Alongside Ship Value)* que se considera libre al lado del barco es decir, el precio de las mercancías puestas al lado del barco en el puerto de embarque.
[2] Valor CIF *(Cost, Insurance and Freight value):* Coste, seguro y flete *(Verladekosten, Versicherung und Seefracht).* Se denomina al valor de una mercancía considerando el valor FOB más el costo del seguro y transporte internacionales hasta el puerto de destino.

Un estudio de casos: La empresa Ortega S. en C.³ hace contacto por primera vez con la firma Maier & Söhne, Industrie GmbH⁴ y escribe la siguiente solicitud de oferta.

Juan Ortega S.en C.
Mantenimiento y Conservación de Ferrocarriles
Av. Moctezuma 248
Ciudad de México

Maier & Söhne, Industrie GmbH
Hausleitnerweg 27-35
A-4020 LINZ

Ciudad de México, 27 de octubre de 1997

Asunto :   Repuestos para *máquinas bateadoras*⁵

Muy señores nuestros :
La oficina de servicios estadounidense Maier & Söhne, con quien tenemos contacto regular, nos ha recomendado su central para el suministro de repuestos para nuestras máquinas.

Somos una empresa dedicada al mantenimiento y conservación de ferrocarriles en México y en el año 1989 les compramos una máquina bateadora tipo SP 08-32 con la que quedamos muy satisfechos. Sin embargo, por razones de tiempo y uso permanente, es indispensable el cambio de algunas piezas. Tenemos especial interés en adquirir los siguientes repuestos:

  * un *juego de bates*⁶
  * un *juego de guarnición para los cilindros*⁷

Les agradeceríamos nos indicasen lo antes posible sus precios CIF Ciudad de México y las demás condiciones de suministro.

Esperamos que nos sometan una oferta conveniente y les saludamos muy atentamente.

p. p. Francisco Villa

---

³ En la S.en C. (Sociedad en comandita), los socios que aportan el capital o parte importante del mismo no contraen obligación mercantil. *(KG).*

⁴ *GmbH.* (Sociedad de responsabilidad limitada (S.R.L.)): La responsabilidad de los socios está limitada a su aportación de capital.

⁵ *Máquina bateadora:* Gleisstopfmaschin*e.*

⁶ *Juego de bates:* Satz Stopfpickel.

⁷ *Juego de guarnición para los cilindros:* Dichtungssatz für Hydraulikzylinder.

LA CONJUNCIÓN I

A veces, unimos diferentes frases, o dos elementos semejantes en una frase, con comas; pero muchas veces tenemos que hacerlo con palabras. Este tipo de palabras se llaman *conjunciones*. En español hay muchas conjunciones de las cuales les presentamos las siguientes:

Conjunciones de coordinación

Son palabras invariables que constituyen un nexo o unión entre palabras u oraciones de igual función. Así pues, „*y/e*", „*que*"; unen elementos de la frase.

Ej.:   El Producto Bruto Interno (PBI) es el indicador *que* mide el nivel de la actividad productiva de bienes *y* servicios finales generados en un determinado período de tiempo.

La conjunción „*ni*" une elementos negativos de una frase.

Ej.:   No hay nada claro con respecto al tratamiento de la deuda externa *ni* de qué pasará con las exportaciones.

Las conjunciones „*o/u*", „*o...o*", „*bien...bien*", „*tal...tal*", „*ora...ora*", „*uno...otro*", etcétera, indican opción.

Ej.:   O uno vende en el mercado doméstico *o* exporta.

Las conjunciones „*así pues*", „*es decir*", „*pues*", „*por (lo) tanto*", „*o sea*" etcétera, indican consecuencia y motivo.

Ej.:   *O sea* que con la compra de la nueva maquinaria, mejora en forma significativa la producción.

Conjunciones de subordinación

Son propiamente: „*que*", „*pues*", „*si*". Ahora bien, al combinarlas con algunas preposiciones u otras partículas, aumenta el número.

De tiempo:

     Anterioridad: „*hasta que*", „*primero que*", „*antes (de) que*", etc.

Ej.:   Hay que prepararlo todo *antes que* vengan los clientes.

Posterioridad: „*apenas*", „*así que*", „*en cuanto*", „*tan pronto como*", „*una vez que*", etc.

Ej.:   *Tan pronto como* pueda, comuníquese con los proveedores.

Simultaneidad: „*al*", „*al tiempo que*", „*a medida que*", „*cuando*", „*mientras*", etc.

Ej.:   *A medida que* aumenta la población, crece el paro.

Repetición: „*cada vez que*", „*siempre que*", „*todas las veces que*", etc.

Ej.:   Necesitamos que nos consideren *cada vez que* se toman algunas medidas de exportación.

Límites de la acción: „*desde que*", „*hasta que*", etc.

Ej.:   *Desde que* la empresa se constituyó, el rubro más importante de sus actividades ha sido la elaboración y venta de sus productos.

Complete las siguientes oraciones con partículas temporales apropiadas.

1. No he llamado a los vendedores .... llegué a la ciudad. 2. No volveré a hacer un pedido de oferta .... cumplan con el último. 3. Te llamé .... lo supe. 4. Yo no puedo hacerlo todo. Escribe la oferta y .... y me comunico con algunos clientes. 5. No me gusta que me molesten .... estoy trabajando. 6. Sería conveniente comunicárselo .... se entere por otro medio. 7. Por las mañanas, ... desayuna, lo primero que hace es leer el periódico. 8. Tenemos que prepararlo todo .... comience la sesión. 9. Tenme al corriente .... se vayan conociendo más detalles. 10. .... salió el anuncio se han presentado más de cien candidatos. 11. ....pueda, señorita, envíe la reclamación. 12. Nos encontramos .... entrar en la oficina. 13. El Presidente acababa de iniciar su discurso, refiriéndose a una nueva etapa de paz, ... se escuchó una fuerte explosión. 14. No sé qué pasa, pero .... lo llamo me dicen que no está.

EL NOBEL JAMES BUCHANAN SE PRONUNCIA SOBRE LA CRISIS POLÍTICO-FISCAL

Los Estados del bienestar occidentales están al borde de una crisis político-fiscal. *Según* el Nobel de Economía James Buchanan, que ya en los años setenta advertía del excesivo peso del Estado, el panorama sobre los sistemas públicos de protección es pesimista *y* advirtió que sólo tendrán futuro limitado "de forma general los derechos a la percepción de prestaciones". *Después*, Buchanan participó en la Conferencia Internacional de Asociaciones Empresariales Privadas, organizada por el Círculo de Empresarios, que inauguró el Presidente de gobierno. Éste pidió colaboración a "todos los agentes sociales" *para* desarrollar una política de empleo y bienestar *y, finalmente*, reiteró que serán necesarias importantes reformas.

El Nobel de Economía, James Buchanan, ofreció ayer un nuevo punto de vista sobre la crisis del *welfare. Primero,* su supervivencia no depende sólo de la situación económica del país, de su crecimiento, de la demografía ... *sino* de la adhesión al principio de generalidad en el que se fundó el Estado del bienestar *y* que impedía la discriminación específica entre las personas. *Para* Buchanan ese principio, por el cual se recaudaban unos impuestos generales *para* financiar unos programas cuasigenerales, se ha roto "a medida que la reclamación de derechos ampliables ha aumentado, *y* a medida que los tipos impositivos han sido llevados a límites casi máximos".

En el texto han sido escritas en cursiva las conjunciones usadas. Búsquelas y sistematícelas.

Introduzca los siguientes conectores:

- *que*   - *cuando*
- *pues*   - *si*
- *así pues*   - *a medida que*
- *y*   - *para*
- *es decir*   - *según*

Un ejemplo claro de esa desviación es la utilización de los criterios de renta ... riqueza .... determinar las personas .... no tienen derecho a prestaciones. Buchanan vaticina, ..., que a la vista de los déficit fiscales .... sufren los países occidentales esos criterios discriminatorios se utilizarán cada vez más en los próximos decenios "y tendrá consecuencias no previstas por los .... la introdujeron". ...., para el profesor puede ser el principio del fin del Estado del bienestar .... alimenta las presiones que ejercerán distintos grupos sociales convertidos en mayorías naturales. "Los .... apoyan el Estado del bienestar no deben dejarse llevar a engaño. Dicho estado", dice Buchanan, "puede sobrevivir .... se tiene el cuidado de contener las presiones .... tienden a hacer que su funcionamiento sea más discriminatorio a ambos lados de la cuenta (ingresos y gastos). ...., los que apoyan el Estado del bienestar deben responder a las presiones fiscales limitando de forma general los derechos a la percepción de prestaciones". Buchanan fue muy crítico con los políticos que no explican claramente a los jubilados .... su pensión, en un sistema público contributivo, depende de variantes como el crecimiento económico, el empleo o la productividad.

El Presidente del Gobierno recordó en su discurso de inauguración de estas jornadas .... garantizar una auténtica sociedad del bienestar sólo va a ser posible .... se implanten reformas, para lo que solicitó la coloboración de todos los agentes sociales de la economía.

OFERTA

El proveedor, dando respuesta a la *solicitud de oferta* o para ofrecer sus productos a clientes habituales o nuevos, escribe una *oferta* indicando algunos datos: precios y condiciones de entrega, condiciones de pago, plazo de entrega y validez de la oferta.

FRASEOLOGÍA

Introducción y acuse de recibo:
Les damos las gracias por su solicitud de oferta del 2 de octubre de 1997.
Les agradecemos su petición de oferta de fecha...
A través del Consulado Austriaco en Ciudad de México hemos sabido que su casa desearía importar...
Como fabricamos toda clase de..., nos permitimos someterles una oferta que esperamos sea aceptable para ustedes.
En respuesta a su demanda del..., les enviamos nuestro catálogo con la lista de precios de nuestros artículos indicándoles nuestras condiciones de entrega y pago que rigen actualmente.

Precios y condiciones de entrega:
Nuestros precios se entienden FOB Barcelona / CIF Hamburgo / EXW[8] / FOA[9] franco a domicilio.
Nuestros precios se entienden franco frontera alemana, inclusive derechos de aduana.
Nuestros precios son bajos / competitivos / ventajosos / favorables / estables.
Nos reservamos el derecho a modificar los precios.
Para pedidos superiores a ... ptas. les concederemos una bonificación por cantidad del 15%.

Condiciones de pago:
Nuestras condiciones de pago son las siguientes:
pago por adelantado / pago al recibo de la factura (mercancía) / *pago diferido* [10]

---

[8] EXW (*Ex works*): ex fábrica. (*ab Werk*).
[9] FOA (*FOB airport*): FOB aeropuerto. (*FOB Flughafen*).

La mercancía suministrada es pagadera en el plazo de... días.
Sírvanse liquidar el importe de la factura mediante cheque.

Plazo de entrega:
Dadas nuestras elevadas existencias, podemos enviar la mercancía inmediatamente después de recibir su pedido.
Suministraremos la mercancía a la mayor brevedad posible.
Nuestra cartera de pedidos es tan considerable que nuestro plazo de entrega es de cuatro meses.

Validez de la oferta:
Nuestra oferta a los precios referidos es sólo válida hasta ...
La presente oferta se entiende *en firme*.[11]
Para los fines de esta oferta rige la cláusula „precios sujetos a variación" / „sin compromiso" / „salvo imposibilidad de suministrar por fuerza mayor".

Frases finales:
En espera de sus gratas órdenes, les saludamos atentamente.
Les aseguramos una esmerada y puntual ejecución de sus pedidos.
Esperamos vernos complacidos con su pedido y les saludamos muy atentamente.
Estamos a su disposición para cualquier aclaración y nos despedimos cordialmente.

Ejercicios:
Escriba que se agradece la solicitud de oferta recibida.
Escriba que envían los catálogos / prospectos / muestras solicitadas.
Escriba clara y detalladamente los datos más importantes deseados: precios, condiciones y plazo de entrega, forma de pago, etc.
Escriba sobre el plazo y la validez de la oferta.
Escriba una fórmula de despedida adecuada.

---

[10] Se denomina „*pago diferido*" al pago efectuado con posterioridad a la entrega de la mercancía.
[11] Se denominan „*en firme*" todas las ofertas con carácter definitivo.

La siguiente oferta es la respuesta a la solicitud de oferta anterior.

MAIER & Söhne, Industrie GmbH
B A H N B A U M A S C H I N E N
Hausleitnerweg 27-35
4020 LINZ
0732-98761/ Fax 98763

Juan Ortega S.en C.
Mantenimiento y Conservación de Ferrocarriles
Av. Moctezuma 248
CIUDAD DE MÉXICO

Linz, 10 de noviembre de 1997

Asunto: Repuestos para máquinas bateadoras

Estimados señores:
Les agradecemos su carta del 27 de octubre del año en curso en la que nos solicitan una oferta de repuestos para una máquina bateadora.

Con mucho gusto correspondemos a sus deseos y les enviamos, junto con la presente, la lista de precios de los repuestos requeridos así como la forma de pago, plazos y condiciones de entrega.

Les estamos enviando también un catálogo ilustrado de nuestro último modelo de bateadora y otro completo de repuestos, la mayoría de los cuales es compatible con el modelo anterior.

Como podrán comprobar, nuestros precios son los mejores del mercado y nuestros productos de la más alta tecnología.

En espera de sus órdenes nos despedimos atentamente.

Fdo. Helmut Bauer

Ejercicio:
Escriba una oferta detallada con los siguientes datos: clase y cantidad de la mercancía, cantidad de entrega, precio, gastos de embalaje, envío y seguro, plazos y condiciones de entrega, plazo y forma de pago, validez de la oferta, despedida.

PEDIDO

Una vez estudiadas las condiciones de la oferta, y comparadas con otras, el comprador escribe un *pedido*. Este tipo de correspondencia es muy simple, incluso muchas firmas usan boletines o notas de pedido impresos que sólo es necesario rellenar.

Tornillos S.A.

C./ La Gloria, s/n   Granada

HOJA DE PEDIDO

Chatarras
C./ Hierro, 5
Granada

Granada, 19-IX-1997

Pedido N°   00007

Muy señores nuestros:
Rogamos que nos envíen los artículos detallados a continuación, en las condiciones que se indican:
Fecha de entrega: 2-X-1997   Lugar: Granada
Medio de transporte: B   Pago: Letra

Concepto	Precio unitario	Cantidad	Importe
Tornillos	0,1	7.000	700
Tuercas	0,2	5.000	1.000

Fdo. Francisco Tornillos

Sólo se escribe una carta de pedido si al comprador le interesan los artículos y si está de acuerdo con las condiciones y precios propuestos por el vendedor. En caso contrario, escribe una *contraoferta* para tratar de obtener mejores condiciones.

Si el pedido sigue a una *oferta en firme*, da lugar a un contrato. Si la oferta era sin compromiso, para la conclusión del contrato es necesaria la aceptación del pedido por el vendedor.

Una vez que ambas partes contratantes están de acuerdo con las condiciones del pedido, el proveedor procede a cumplimentarlo.

Cuando se ha efectuado el pedido, el vendedor manda un *aviso de expedición* en caso de que se envíe parte de la mercancía o si no se ha extendido la factura en el momento del envío. En este tipo de cartas se indica, generalmente, la fecha de expedición, el medio y modo de transporte, las condiciones de pago y entrega, y el ofrecimiento para otros pedidos.

Si la mercancía se envía inmediatamente o poco después de recibir el pedido, la *factura* se manda por correo. Este documento debe contener el nombre y dirección del comprador; número y fecha de extensión; número y fecha de pedido; cantidad y descripción de la mercancía; precio unitario y precio total con deducciones, recargos etc.; y precio neto. Normalmente los formularios de factura contienen impresas las condiciones generales de entrega y pago.

Luego de recibir la mercancía, el comprador la paga y por razones de cortesía suele escribir un *aviso de pago* y muchos aprovechan esta oportunidad para pedir condiciones más ventajosas en los próximos pedidos.

También, por razones de cortesía, se escribe un *acuse de recibo de pago* y también aquí se puede someter al cliente otra oferta. Es indispensable acusar recibo de pago si el cliente lo ha solicitado o si hay que aclarar errores.

Si el comprador no está conforme con la mercancía, puede hacer valer sus derechos legales y escribir una carta de *reclamación* indicando sus quejas. En ella puede proponer una solución o sugerir al vendedor que la proponga. Si la queja es justificada, el vendedor deberá admitir el error, excusarse y ofrecer un arreglo. Cuando el proveedor no suministra a tiempo, se escribe una *reclamación por retraso de entrega* y si el comprador no cumple a tiempo con el pago recibe una *reclamación por retraso en el pago.*

Como último recurso, en caso de que los interesados no puedan llegar a un arreglo cordial, una de las partes puede recurrir a la vía judicial para decidir sobre la reclamación.

Ejercicios:
Trabajando en parejas, redacte una petición de oferta y su correspondiente oferta.
Trabajando solo redacte un pedido.
Conteste a las siguientes preguntas:
¿Qué se debe especificar en una solicitud de oferta?
....
....
¿Qué es una oferta?
....
....
¿Qué condiciones de entrega conoce?
....
....
¿Qué aparece en un pedido?
....
....
¿Cuándo se escribe una contraoferta?
....
¿Después de la oferta en firme, cuáles son los pasos a seguir?
....
....
¿Cuáles son los procedimientos vinculados al pago?
....
....

¿Qué sabe de la ... competitividad?

Según el *World Economic Forum* se considera competitividad a „...la capacidad de un país de lograr altas tasas de crecimiento de su renta per capita". La clasificación de competitividad que elabora anualmente afirma que el principal activo de un país es la apertura del comercio y de los mercados financieros. Las razones por las que la inversión directa se dirige a un país y no a otro se debe al tamaño del mercado y su potencial de crecimiento. La rigidez del mercado laboral, los elevados gastos sociales y el sistema de impuestos son, por el contrario, los mayores inconvenientes.

La clasificación está encabezada por Singapur y Hong Kong por la apertura de sus mercados financieros, la ausencia de corrupción en sus Gobiernos, sus „excelentes" infraestructuras y su recursos humanos. El tercer lugar lo ocupa Estados Unidos, que es la economía más competitiva de entre las grandes. Los EE.UU. tienen el liderazgo indiscutible en gestión de empresas y en tecnología, dos factores claves para asegurar el crecimiento a largo plazo. Otro de los activos de la primera economía mundial son la flexibilidad de su mercado laboral y su bajo déficit presupuestario.

Los economistas del *World Economic Forum* hacen una distinción clara entre los países europeos que han aplicado reformas en los últimos años, es decir, que han desregularizado sus mercados, privatizado empresas y reducido su Estado de bienestar, y los que aún no lo han hecho. España queda clasificada por detrás de países como Nueva Zelanda, Malasia, Chile, Irlanda o Indonesia.

LECCIÓN 4

LAS ACTIVIDADES PRODUCTIVAS

El lenguaje económico distingue entre el sector primario (actividades agrarias y pesqueras), el secundario (o sector industrial) y el terciario o de servicios. Esta subdivisión sirve para sistematizar la información económica de los países.

El sector primario incluye todas las actividades en las cuales se obtiene directamente los productos que no han sido objeto de ninguna elaboración.[1] Un caso típico es el agrario que se enfrenta actualmente a la necesidad de conseguir niveles retribuidos adecuados para los recursos en él empleados y a la exigencia de lograr unidades productivas eficientes a partir de condiciones distintas al cierre en 1994 de la Ronda Uruguay del GATT.[2] El sector secundario tiene por objeto la transformación de los recursos naturales por medio de procedimientos físicos o químicos. Se subdivide en dos subsectores, a saber, la industria y la construcción. El progreso está acompañado de un cambio de la estructura productiva, en favor de las actividades avanzadas y en detrimento de las tradicionales.[3] El sector servicios tiene que ver con la satisfacción directa de una necesidad humana por el uso de un bien o por un trabajo.[4] El resultado de la actividad económica en dicho sector es un producto intangible.

---

[1] VV.AA. (1994): Sector agrario. *Papeles de Economía Española*, 60/61.

[2] VV.AA. (1994): La nueva política agraria común y los acuerdos del GATT. *Papeles de Economía Española*, Suplemento al 60/61.

[3] R. Myro (1993): La industria, de la autarquía a la integración en la CE. En: *España, economía*. (Ed. J. L. García Delgado). Madrid, Espasa Calpe, pp.297-337.

[4] J. A. Martínez Serrano y C. Muñoz (1995): Sector servicios. En: *Lecciones de economía española*. (Ed. J. L. García Delgado). Editorial Civitas, Madrid, pp. 267-282.

Ejercicios de comprensión sobre las actividades productivas.

Cuestiones	Sí	No
¿Permite sistematizar la división por sectores la información económica?		
¿Es el sector primario el sector más complejo?		
¿Necesita el sector primario una mayor mano de obra?		
¿Transforma el sector terciario los productos?		
¿Necesitan las estructuras avanzadas menos industria?		

Ejercicio de expresión libre. Discutan en clase sobre un país de la Unión Europea acerca de los siguientes aspectos y escriba un comentario:
- ° *Población ocupada por sectores.*
- ° *PIB por sectores o ramas de actividad.*
- ° *Tasa de paro por sectores.*
- ° *Estudio de las infraestructuras.*

Preguntas de comprensión sobre las actividades productivas.

Preguntas	Respuestas
¿Qué se entiende por sector primario?	
¿Qué se entiende por sector secundario?	
¿Qué se entiende por sector terciario?	
¿Qué persigue la „Ronda de Uruguay del GATT?	
¿Qué es un producto tangible y un producto intangible? Exprese algunos ejemplos.	

LA CONJUNCIÓN II
Conjunciones de subordinación

Un grupo muy importante de las conjunciones tienen que ver con su carácter subordinado. Entre éstas se pueden considerar los siguientes subbloques:

Conjunciones y locuciones causales

Son propiamente: „*porque*", „*como*", „*a fuerza de*", „*dado que*", „*debido a que*", „*en vista de que*", „*por miedo a que*", „*pues*", „*puesto que*", „*que*", „*ya que*", etc.

Ej.:   *Como* no sé cuándo llega la mercadería, no voy a buscarla a la estación.
No voy, *pues* no sé cuándo llega.
No voy *porque* no sé cuándo llega.
Puesto que no sé cuándo llega, no voy.

Conjunciones y locuciones condicionales

Entre estas conjunciones se encuentran: „*si*", „*a condición de que*", „*a menos que*", „*a no ser que*", „*como*", „*con tal de que*", „*(en el) caso de que*", „*no sea que*", „*salvo que*", „*siempre que*", etc.

Ej.:   *Si* están de acuerdo, les enviaremos inmediatamente el pedido.
Podemos suministrarles los aparatos a fines de julio, *siempre que* no suceda algo imprevisto.

Conjunciones y locuciones finales

Entre este tipo se cuenta: „*para que*", „*a fin de que*", „*con objeto de que*", „*por miedo a que*", etc.

Ej.:   Los latinos de EE.UU. abarrotan las academias *para que* puedan superar el examen de nacionalidad, *de manera que* ya no hay cupo en ellas hasta el próximo año.

Complete con una partícula final y la forma adecuada del verbo:

1. Una transferencia bancaria consiste en dar orden al banco .... (hacer, el banco) .... un abono en la cuenta de la persona o empresa a la que se tiene que efectuar un pago.

2. Iré este verano a algún país de habla hispana .... (perfeccionar, yo) .... mi español.

3. Se buscó reanimar la actividad productiva .... (abatir) .... la inflación y erradicar la pobreza extrema.

4. Tienes que tomar precauciones .... eso no (volver) .... a suceder.

5. Llegaron sobre las siete y media .... (hacer ellos mismos) .... un control de la mercadería.

6. Te ayudaremos .... (terminar, tú) .... antes.

7. Te ayudaríamos .... (terminar, tú) .... antes, pero tenemos mucha prisa.

8. Planteó la eliminación de la hiperinflación. .... (viabilizar) .... la estrategia económica.

9. Cómpraselo, hombre, ... (aprender, ellos) .... un poco sobre ordenadores.

10. ¿Hay algún método .... (sentirse, el trabajador) .... motivado?

11. Lo pongo en su conocimiento .... (abrirse) .... una nueva investigación sobre el caso.

12. Nos llamaron .... (ir, nosotros) .... a recoger el pedido.

INNOVACIÓN EN LA AGRICULTURA

El sector primario requiere de nuevas tecnologías a fin de aumentar la productividad y preservar el ambiente. En América Latina, además, las tecnologías deben beneficiar a un sector económico muy heterogéneo.[5] El sector social vinculado al sector primario tiene profundas desigualdades sociales y problemas políticos muy complejos. Además, la apertura comercial supone nuevos retos para el sector agrícola, con el imperativo de hacerlo competitivo.[6]

Este sector ha de satisfacer los requerimientos del mercado con precios atractivos y producir sin generar un mayor deterioro ambiental. Para conseguir estas metas se requieren de altas tecnologías, así como instrumentos que congenien con las políticas y los fines perseguidos. Si bien, las decisiones de producción deben dejarse al mercado, los gobiernos deben definir e informar claramente sobre las normas que rigen la actividad económica. Además, han de intervenir para prohibir determinados productos, como los alucinógenos, en razón de decisiones como la salud.

La aplicación tecnológica es muy compleja. Hoy se incorporan descubrimientos en áreas totalmente ajenas a la actividad agrícola como, por ejemplo, en las áreas de la informática, la química, las mecánicas o biotecnología, a las prácticas productivas. La posibilidad de generar un modelo de desarrollo sustentable[7] depende de: 1° la sociedad; 2° la economía; 3° la ecología; y, 4° la cultura.

---

[5] Además de los textos citados véase el monográfico: VV.AA. (1996): Sector agropecuario. *Comercio exterior*, 46/8, pp. 599-663.

[6] C. Kay (1996): Globalización, agricultura tradicional y reconversión en Chile. *Comercio exterior*, 46/8, pp.625-631.

[7] F. Torres Torres (1996): Desarrollo sustentable y alimentación sana. *Comercio exterior*, 46/8, pp. 603-610.

LA COMPETITIVIDAD DE LA INDUSTRIA

B ajo „competitividad" se entiende también la „... capacidad para mantener o aumentar la cuota de mercados de sus productos comerciables (bienes y servicios), tanto en los mercados exteriores como en el mercado interior, de forma que el saldo exterior no se convierta en una restricción para sus posibilidades de crecimiento."[8] Para analizarla se recogen diferentes valoraciones. En el Informe Anual del Banco de España de 1990 se hacía referencia a dos bloques distintos. Por un lado, a los precios relativos, en moneda nacional y por otro lado, a los tipos de cambio real anual. En ambos apartados se analizaban los costes laborales unitarios, los precios al consumo, los precios al por mayor y los precios de exportación.[9] Se concluye que las empresas industriales van adaptando el ritmo de crecimiento de sus precios a los vigentes en los mercados internacionales debido a los cambios estructurales que sufre la economía española, en gran medida, en su proceso de integración al mercado europeo.

Toda economía en un proceso de integración tiene que llevar a cabo ajustes. Éstos son inevitables en economías que convergen de forma acelerada hacia niveles más elevados de productividad y renta, y, por consiguiente, de costes y precios. Las empresas introducen a su vez mecanismos más eficientes como la diferenciación de su producto, la mejora de la calidad, la creación de marcas, establecimiento de servicio posventa, etc. Al mismo tiempo, se han de tener presente otros aspectos de carácter estructural como la eficiencia del sector público, el sistema educativo, la dotación de infraestructuras, la I+D.[10]

---

[8] E. Gordo y P. L' Hotellerie (1993): *La competitividad de la industria en una perspectiva macroeconómica*. Madrid, Banco de España, p. 3.

[9] Banco de España (1991): *Informe Anual 1990*. Madrid, Banco de España, pp. 46-47.

[10] Se denomina „I+D" a Investigación y Desarrollo.

EL SECTOR SERVICIOS

Cuando se habla del sector servicios, se piensa en el subsector hostelería dejando de lado, entre otros, los de transporte, telecomunicaciones, comercio, sanidad, educación, servicios a empresas, las Administraciones Públicas y los servicios financieros. Estos últimos juegan un papel cada vez más importante para la economía industrializada. Para conocer su relevancia se utilizan dos indicadores: los que relacionan la magnitud del sector terciario con el nivel de desarrollo; y los que identifican la relevancia y las características del empleo. El peso que ocupa en conjunto supera el 50% del PIB.

Según la definición clásica se considera „servicios" a todo producto no comerciable.[11] Durante los años ochenta ha experimentado una profunda reconversión y homogeneización en sus sectores aumentando su papel dentro del sistema productivo.[12] Los aspectos más positivos del sector tienen que ver con la repercusión positiva en el consumo final y en una mejora de la competitividad de las empresas que recurren a este tipo de servicios en términos de ahorro de costes, calidad de las actuaciones, aumento y diversificación de su oferta, etc.

La internacionalización de los servicios no sólo ha tenido repercusiones favorables sino también han dejado mostrar sus „puntos débiles". La interrupción repentina de los flujos de capital del exterior hacia México a finales de 1994 e inicios de 1995 sumada a la consecuente devaluación del Peso, impusieron a la economía un ajuste tremendo y generó una crisis en los mercados financieros.[13]

---

[11] VV.AA. (1993): *Los servicios en España: Situación y tendencias.* Barcelona, Servicio de estudios „La Caixa".

[12] Véase: J. M. Liso (1996): *El sector bancario europeo: panorama y tendencias.* Barcelona, Servicio de Estudios „La Caixa".

[13] Banco de México (1996): Informe Anual 1995. *El Mercado de Valores*, 6, pp. 18-26.

Ejercicios de comprensión sobre los sectores.

Cuestiones	Sí	No
¿Se caracteriza la agricultura española por ser intensiva?		
¿Suponen las nuevas tecnologías un ataque a la agricultura tradicional?		
¿Es competitiva la agricultura sin una apertura comercial del mercado?		
¿Se analiza la competitividad mediante los precios absolutos?		
¿Pertenece la banca al sector servicios?		
¿Se denomina „I+D" a una sociedad que investiga?		
¿Supera la agricultura el 50% de la PA?		

Ejercicio de expresión libre. Discutan en clase sobre un país de la Unión Europea acerca de los siguientes aspectos y escriba un comentario:
- La agricultura y la ecología.
- Las nuevas tecnologías.
- El empleo en el sector servicios.

Preguntas de comprensión sobre los sectores.

Preguntas	Respuestas	
¿Qué se entiende en el texto por competitividad?		
¿Cómo se puede aumentar la productividad sin empeorar el medio ambiente?		
¿Es positivo el proceso de integración para la industria?	Pro	Contra
¿Cómo se define „servicio"?		

EL SECTOR TURÍSTICO

La Organización Internacional del Trabajo (OIT) informó que el 10% de la mano de obra mundial, es decir, unos 200 millones de personas, trabajan en el sector del turismo, la restauración y la hostelería. La OIT pronostica que, para el año 2005, serán 340 millones de personas las que ocupe este sector.

Los representantes de los trabajadores, empresarios y Gobiernos de 50 países han examinado, en la sede ginebrina de la OIT, las relaciones entre empleo y condiciones de trabajo en dicho sector. Se trata de uno de los principales creadores de empleo en el mundo, sostiene el informe.

El informe añade que, en 1995, la hostelería representaba el 10,9% del PIB mundial y manejaba 1.600 millones de dólares en salarios. En este sector hay unos 230.000 millones de asalariados. Unos 108 millones, se encuentran en el sur de Asia y en China. Otros 18 millones están en la Unión Europea, 16 más en América del Norte y unos ocho millones están repartidos por Australia, Japón y Nueva Zelanda.

El informe destaca que las condiciones de empleo y de trabajo ofrecidas en este sector siguen siendo poco atractivas con relación a otros sectores. Las pequeñas y medianas empresas dominan el mercado, se registran salarios relativamente bajos y unos horarios de trabajo bastante irregulares. La OIT subraya, igualmente, la proliferación del trabajo a tiempo parcial, con la consiguiente rotación de los efectivos.

Acabamos este apartado, presentando las siguientes conjunciones:

Conjunciones y locuciones consecutivas

Este tipo de conjunciones son: „*de manera que*", „*de modo que*", „*de tal modo que*", „*tanto que*", etc.

Ej.:   *De modo que* en los últimos años se ha venido desarrollando una nueva solución comercial: la cadena voluntaria, que consiste en una fórmula de asociación comercial, integrada por uno o varios mayoristas en colaboración con sus clientes detallistas.

Conjunciones y locuciones comparativas

De igualdad: „*igual que*", „*tan*", „*tanto ... como*", „*tanto ... cuanto*", etc.

De superioridad: „*más... que*", etc.

De inferioridad: „*menos... que*", etc.

Ej.:   Si tienes *más* dinero del *que* precisas, invierte.
Reduzca sus impuestos *tanto como* sea posible.

Conjunciones y locuciones modales

Comprenden: „*como*", „*conforme*", „*cual*", „*cuanto*", „*de manera que*", „*según*", etc.

Ej.:   *De manera que* el Impuesto sobre el Valor Añadido (IVA) es un impuesto sobre el consumo.

Conjunciones y locuciones concesivas

Aparecen: „*aunque*", „*a pesar de que*", „*así*", „*aun cuando*", „*bien que*", „*por más que*", „*por mucho que*", „*si bien*", „*y eso que*", etc.

Ej.:   Una de las modalidades que *a pesar de* ser de las más antiguas utilizadas en el comercio está cobrando cada vez más importancia es el trueque, o sea el intercambio de productos sin dinero.

Complete el texto con las siguientes conjunciones y locuciones: „menos que", „aunque", „a pesar de que", „más ... que", „de manera que".

Las mujeres ganan terreno

Uno de los colectivos españoles que ha sufrido con mayor dureza los efectos del paro es el de la mujer. .... su incorporación al mundo de trabajo ha sido masiva y .... entusiasta .... en otros países, ha tenido consecuencias desiguales. .... la tasa de paro que padecen las mujeres es .... elevada .... la de los hombres, ... el futuro se presenta mucho más atractivo.

Al parecer, el mundo laboral confrontará en los próximos años una profunda feminización. De hecho, en la última década las mujeres de entre 25 y 44 años han conquistado más del doble de los puestos de trabajo conquistados por los hombres. Sin embargo, estos datos se derrumban cuando se comparan puestos de trabajo y salarios. Y es que ellas ganan un 33% .... los hombres y los puestos de trabajo que ocupan son de más baja cualificación.

El 75% de los contratos 'a tiempo parcial' son de mujeres. Precisamente por ello, en la reforma laboral, los sindicatos quieren hacer hincapié en que las condiciones de los contratos 'a tiempo parcial' mejoren. Por ejemplo, en que sus prestaciones sociales no supongan una merma de derechos.

Ellas son mayoría en la judicatura, fiscalía, enseñanza y otros tantos terrenos en los que el acceso se rige por oposiciones. Y es que, además de ser mayoría en la universidad, presentan en algunos casos expedientes académicos .... brillantes .... los de los varones.

¿ *Qué sabe del ...* Mercosur ?

El *Mercosur* (o Mercado común del Sur) fue creado en 1991 como un proyecto de integración económica por Argentina, Brasil, Paraguay y Uruguay. En 1996 se integró Chile, lo que supuso un incremento considerable de la economía del Cono Sur. Tiene como *implicancias*[14] el intercambio de mercaderías y servicios eliminando aranceles, una postura común frente a los otros países, y la unificación de la microeconomía[15] y macroeconomía[16]. Sus mecanismos son el libre comercio con la consiguiente reducción de aranceles, la coordinación de la política macroeconómica y la adopción de acuerdos sectoriales. Los países del *Mercosur* esperan que el acuerdo de libre comercio con la Unión Europea (UE) les ayude dándoles un mejor acceso a avanzadas tecnologías y mayores inversiones. Se espera que el acuerdo, firmado en Madrid entre el Mercosur y la UE en 1995, dé mayor credibilidad.

Por su parte, Brasil confía en tener mayores posibilidades de aumentar el volumen comercial con la UE y recibir más inversiones europeas. A su vez, Argentina pretende consolidar los flujos de inversión que ha recibido en los últimos años de la UE, a la que pide eliminar los subsidios agrícolas y otras trabas a sus exportaciones de carnes y granos. Uruguay tiene en Montevideo la capital administrativa del *Mercosur*. Paraguay espera una influencia positiva sobre los inversores especialmente europeos, cuyos capitales necesita para estimular su industria. El 60% de las exportaciones del *Mercosur* a la UE son productos agropecuarios.

---

[14] *Implicancias* (americanismo) = consecuencias.

[15] La *microeconomía* estudia el comportamiento de los consumidores, las empresas y las industrias, y sus interrelaciones, entre otros.

[16] La *macroeconomía* estudia el conjunto de agregados económicos tales como empleo y tasa de desempleo, producto nacional y tasa de inflación.

LECCIÓN 5

EL COMENTARIO DE TEXTO

En la vida diaria realizamos todo tipo de *comentarios* sobre las más diversas cuestiones y situaciones. El *comentario* sirve para razonar sobre el *porqué* de lo escrito y sobre el *cómo* se ha escrito. Es decir, mediante el comentario realizamos una síntesis del tema tratado y un análisis de la forma en que éste se ha escrito. Existen algunas palabras o expresiones que ayudan a redactar un texto o hacer un comentario. Estas palabras se llaman *organizadores textuales*. Los organizadores textuales más frecuentes en castellano son los siguientes:

Para exponer la idea

- *en primer lugar..., como primera cosa...*
- *por un lado... por otro lado...*
- *de otra parte...*
- *no sólo ... sino también ...*
- *desde este punto de vista ...*
- *al contrario ...*
- *además ...*
- *dado que ..., visto que ..., considerando que ...*
- *en breve ...*
- *poco a poco ..., progresivamente ...*

Para expresar la propia opinión

- *para mí ..., a mi parecer ..., según mi opinión ..., desde mi punto de vista ...*

Para expresar hechos con un orden cronológico

- *inicialmente ..., en seguida ..., sucesivamente ..., finalmente ...*

Aplicando organizadores textuales, comente la siguiente parte de la entrevista (Abreviamos entrevistador por „E") al presidente de la Asociación de Exportadores (Adex) del Perú, Juan Enrique Pendavis (Abreviamos mediante „JEP"), sobre la situación de las exportaciones en el país.

E: Doctor Pendavis, ¿Cómo evalúa la balanza de pagos?

JEP: Actualmente, la balanza de pagos está equilibrada con los ingresos provenientes de la privatización y de nuevos préstamos, pero llegado el momento no habrá nada que privatizar y, dado que el país tiene una capacidad de crédito limitada, el crecimiento del país y las divisas deben venir del desarrollo de las exportaciones, por la venta de productos fabricados en el país.

A corto plazo, está balanceada, pero a mediano y largo plazo habrá dificultades. El gobierno está pensando que parte de la solución está en el aumento de las exportaciones mineras, pero ellas están sujetas a los precios internacionales. Podría suceder que los precios de las materias primas caigan a la mitad y por tanto las exportaciones, bajarán también. Si vemos las cifras de los últimos años, veremos que las exportaciones y el PIB están creciendo. Los números son excelentes, pero no han aumentado los puestos de trabajo.

E: ¿Qué puede generar puestos de trabajo?

JEP: Yo diría que las exportaciones de valor agregado, aquellas que tengan contenido de mano de obra.

E: ¿Cómo podemos fomentar las exportaciones?

JEP: Los artesanos y agricultores pagan sus insumos en soles, entonces lo primero que debemos solucionar es el *atraso cambiario*[1]. El costo tiene que bajar y la devaluación

---

[1] El *atraso cambiario* se define como la competitividad que tiene el país frente al exterior.

debe ser, por lo menos, igual que la inflación. Tampoco debe exportarse impuestos. El *Fonavi*[2] debería devolverse a los exportadores porque no es una contribución del trabajador, es un pago efectuado por la empresa en la que trabaja y ésta no obtiene ningún beneficio por el pago de ese 9%.

En el comercio mundial se establece que los productos pagan impuestos en el lugar donde se consumen porque sólo debe pagarse una vez. En nuestro caso se pagan donde son producidos y donde son consumidos.

E: ¿Cómo impulsar la exportación de productos agrícolas?

JEP: Primero debemos realizar un estudio de mercado, ver qué consumen en el exterior y luego producir lo que necesitan. Uno de los principales problemas para la exportación de productos agropecuarios es de orden sanitario.

E: ¿De qué manera se pueden impulsar a las pequeñas empresas exportadoras?

JEP: Es exactamente igual. El punto de partida es estudiar el mercado; es decir qué producto requiere el mercado y comenzar a producirlo. El caso típico es el de artesanía. Anteriormente, los artesanos peruanos producían cosas que los turistas que venían al Perú compraban, pero en el mercado europeo no sucedía lo mismo porque no lo identificaban o no conocían el Perú. Hemos tenido que traer expertos para que rediseñen, cambien los colores de acuerdo a la moda y, sin malograr el arte de nuestros artesanos, conseguir diseños utilitarios y, a la vez, viables ...

---

[2] El *Fonavi* es el impuesto que se paga al *Fondo Nacional de Vivienda*.

LA EMPRESA

En la concepción convencional, la empresa depende de una función de producción que ajusta sus reglas a la optimación. Así pues, se define como una unidad económica de producción. En un sentido estricto se llama a la forma concreta de financiar un proceso técnico. La empresa alquila los factores de producción y los utiliza en el proceso de obtención de bienes y servicios que vende con posterioridad a las unidades económicas de consumo. Ahora bien, este enfoque resulta insuficiente. Por esta razón, se puede definir también como una agencia y definirla como una unidad de control y decisión. Otros enfoques como el tecnológico o el de transacción permiten redondear la definición.[3]

La estructura empresarial española se caracteriza por el reducido tamaño medio y por la elevada participación que tienen las Pequeñas y Medianas Empresas (PYMES) en el empleo. Las grandes empresas suponen sólo un 0,2% de la estructura empresarial. Esto depende de la especialización industrial, composición de la propiedad y menor competencia en el mercado. El cuadro indica algunas características del modelo de producción:

CUADRO 1

ESTRUCTURA EMPRESARIAL	CARACTERÍSTICAS
Grandes empresas *Organización* *verticalmente integrada*	Poco peso de los factores externos. Economías de escala. Costes de transacción.
PYMES *Organización* *flexible*	Reducción de la escala de producción. Empresas especializadas. Externalización de funciones. Economías externas y cooperativas. Subcontratación. Compromisos a largo plazo.

[3] Véase: Mª Teresa Costa (1995): La empresa: Características, estrategias y resultados. En: *Lecciones de economía española*. (Ed. J. L. García Delgado). Madrid, Editorial Civitas, pp. 285-303.

LAS GRANDES EMPRESAS

Como el recuadro anterior explicaba, las grandes empresas son organizaciones verticalmente integradas cuyas características más predominantes son las de tener poco peso los factores externos, tener una economía de escala y cortes de transacción. La organización de la producción presenta un grado de integración poco elevado como indican los porcentajes de compras subcontratadas. La descentralización de sus actividades es menor en la distribución.

La estructura del capital comporta que la propiedad ejerza el control directo de la gestión. Como consecuencia, las empresas grandes polarizan sus decisiones en torno a los intereses de accionistas mayoritarios. El coste y la estructura de la financiación comprometen: proyectos de inversión, mejora tecnológica y aumento de activos intangibles. A veces, los costes de la deuda superan a la rentabilidad económica.

En la mayoría de los países industrializados se observa, desde la segunda mitad de los años sesenta, un desplazamiento de sus distribuciones de tamaño hacia las más pequeñas. Esto se debe a que este último tipo de empresa opera en un medio más competitivo que las grandes empresas.

Por estas razones, las grandes empresas tienen que reforzar sus estrategias que tienden a ser más eficaces en función de su estructura, dimensión y toma de posición en los mercados internacionales. El aumento de la ventaja competitiva sólo se puede llevar a cabo mediante una diferenciación tecnológica, la especificación del producto o la marca en los bienes de consumo duradero, la especialización productiva y el crecimiento de la exportación. El tamaño incide sobre la exportación, siendo las empresas mayores más propensas a exportar que las restantes. Una empresa más eficiente que gana competitividad mostrará, a la vez, una expansión más rápida de sus exportaciones.

LAS PYMES

Las Pequeñas y Medianas Empresas (PYMES) juegan un papel importante en la estructura empresarial. Su definición hace alusión al número de empleados si bien esto difiere de acuerdo con el tipo de industria de que se trate: en la manufacturera, se considera dentro de este estrato a las empresas con menos de 300 empleados, mientras que en el comercio al por menor y el sector de servicios se clasifican a aquellas empresas con menos de 50 empleados. Para el comercio al por mayor la cifra que sirve como parámetro es de hasta 100 empleados.

Muchas de las PYMES de la industria manufacturera forman parte del sistema de subcontratación. En Europa y EE.UU. la dependencia hacia la empresa subcontratante es, aproximadamente del 20%, en el Japón el 35%. Otra de las características en el sistema de subcontratación es que en Europa y los EE.UU. tienen vínculos comerciales directos con las PYMES subcontratistas, mientras que el japonés es escalonado al contar con muchos niveles.[4] Un primer tipo de PYMES se desarrollan en un mercado en base a su especialización (*expertise*) y sin una elaboración de sus propios productos. Un ejemplo típico son las compañías proveedoras de partes para automóviles. Un segundo tipo de PYMES se orientan al desarrollo y tienen un producto único en el mercado. Es el caso de las empresas que producen maquinaria bajo pedidos. Un tercer tipo de PYME está orientado al desarrollo, que se identifica por el papel suplementario que realizan para las grandes empresas. Un ejemplo típico es una empresa con 11 empleados que produce transformadores para máquinas de fax.

---

[4] N. Kurose (1996): Estrategias administrativas para la Pequeña y Mediana Empresa en Japón. *El Mercado de Valores*, 56/7, pp. 43-50.

LA EMPRESA FAMILIAR

Una empresa familiar es, por lo general, una unidad económica autónoma en la que trabajan miembros de una familia y poseen, a menudo, cierta responsabilidad. En los sectores primarios y terciarios dominan por lo general este tipo de empresas. En particular, en los subsectores agricultura y turismo predominan este tipo de estructuras empresariales.

La empresa familiar convive en un entorno muy complejo cuyos resultados económicos y financieros permiten conocer el grado de eficiencia y de las condiciones de su entorno. Así pues, por ejemplo, el margen sobre ventas y las rentabilidades económicas y financieras expresan las características de la estructura de costes y su incidencia en los precios, la adecuación de las decisiones de inversión y la proximidad o alejamiento entre los objetivos de la economía productiva y del sistema financiero. El siguiente esquema trata de presentar los rasgos más importantes del entorno.

CUADRO 2

SISTEMA TÉCNICO				SISTEMA LEGAL-POLÍTICO
	Producto, equipo, control de producción, abastecimiento, estándares de productividad		Legalidad, estabilidad, códigos y leyes, actitudes hacia los empresarios, trabajadores y sindicatos	
		EMPRESA		
	Motivaciones, status social, educación, estructura de las clases sociales, etc.		Sistemas económicos (de mercado, centralizado, mixto, financiero, fiscal)	
SISTEMA CULTURAL				SISTEMA ECONÓMICO

Ejercicios de comprensión sobre la empresa.

Cuestiones	Sí	No
¿Las grandes empresas suponen el 2% de la estructura empresarial?		
¿Están organizadas verticalmente las grandes empresas?		
Las grandes empresas no necesitan aplicar estrategias de posicionamiento ya que tienen un mercado seguro.		
¿Las PYMES se desarrollan en base a su especialización?		
¿Las empresas familiares se denominan así porque llevan el apellido de una familia?		

Ejercicio de expresión libre. Discutan en clase sobre un país de la Unión Europea acerca de los siguientes aspectos y escriba un comentario:
- *El futuro de las grandes empresas.*
- *El futuro de las PYMES.*
- *El futuro de las empresas familiares.*

Preguntas de comprensión sobre la empresa.

Preguntas	Respuestas	
¿Cómo se define la empresa?	Concepción convencional	Concepción actual
¿Cómo se puede caracterizar la estructura empresarial española?		
¿Cuáles son las características más importantes de las siguientes empresas?	Grandes empresas	PYMES
¿Qué significa „PYME"?		

RESEÑAS Y RESÚMENES DE PUBLICACIONES

Escribir una reseña o un resumen de un libro consiste en sacar de la obra las informaciones que nos parezcan más interesantes, organizarlas para asimilarlas, y enjuiciar las ideas o tesis expuestas por el autor. Por tanto, toda reseña o recensión deberá mostrar tres niveles diferentes: Por un lado, deberá el autor seleccionar el material que le parezca más útil del libro; por otro, deberá ordenar dichos materiales; y finalmente, llevará a cabo un enjuiciamiento del valor de los materiales analizados.

Es importante que antes de leer un libro sepamos sobre qué trata, quién es el autor, revisar la tabla de materias, el preámbulo y la conclusión. Lo que interesa que quede claro es saber el contenido del libro, los puntos importantes del desarrollo y a qué público va destinado. Durante la lectura del libro es importante ir anotando en las „hojas de referencia" las informaciones y opiniones que el autor aporta. Finalmente, es aconsejable escribir una primera síntesis parcial y ordenar según un plan general la obra emitiendo una opinión crítica de alguno de los aspectos resaltados.

Las reseñas presentan unas ciertas características comunes como pueden ser la brevedad, exigidas por las necesidades técnicas de las revistas donde se publican y la concisión con que vienen expresados los contenidos del libro. La labor de recensión de publicaciones puede tener un carácter profesional, de colaboración en un seminario, en la publicación de una revista o, simplemente, un trabajo de editorial. Algunos registros presentan a título orientativo las normas de la UNESCO. Con este fin presentamos los siguientes ejemplos:[5]

---

[5] La UNESCO ha presentado unas normas para que los títulos sean lo suficientemente explícitos. Consúltese el Boletín de la *Asociación*

Reseña

BARNECHEA, Alfredo: *La República Embrujada*. Lima, Aguilar, Nuevo Siglo, 1995, 427 págs.

Este libro consta de dos partes. La primera es un diagnóstico de la crisis peruana que comienza con un análisis del gobierno de Alan García, señalando que se trató de un gobierno populista clásico con un programa económico que condujo no sólo al Perú sino a muchos países de América Latina a la catástrofe económica. La tesis que se plantea en esta parte es que el error del Perú tradicional no fue esencialmente económico sino político. Y es que el país no creó una sociedad nacional integrada, lo que permite comprender, de alguna manera, la tragedia de la violencia.

La segunda parte del libro trata sobre las posibilidades de cómo el Perú puede salir de los círculos de la pobreza y entrar en los círculos de la prosperidad. Compara la experiencia de América Latina con la de Asia, trata de explicar „el milagro asiático" y de identificar el elemento que impulsó tal desarrollo. Analiza, además, los casos de Argentina, Cuba y África, planteando la cuestión ¿por qué unos países prosperan y otros no? La tesis propuesta es, que aquello que genera o frustra el desarrollo no es la economía sino la política.

A continuación, examina la nueva situación internacional creada a fin de siglo con la caída del comunismo, señalando que tal desaparición dio lugar a un inmenso vacío en la estructura del poder mundial y convirtió a los Estados Unidos en el único superpoder. ¿Cuál es, en esta nueva situación, el lugar y la capacidad de maniobra de América Latina? Según el autor, el fin del comunismo la ha restringido a la esfera estadounidense. Su margen de maniobra se ha reducido. Los EE.UU. son su primer mercado y sometidos al mercado norteamericano, están sujetos, al mismo tiempo, a las costumbres y valores políticos de su sistema. El fin del comunismo ha reducido, pues, su autonomía.

En estas circunstancias y como no todos los países subdesarrollados pueden ser NIC (sigla en inglés como se conoce a los nuevos países industrializados) al mismo tiempo, la tendencia debería ser un tipo de desarrollo más equilibrado, que no apueste únicamente a la

Nacional de Bibliotecarios, Archiveros y Arqueólogos (ANABA), n° 55, enero-marzo de 1969, pp. 21-23.

exportación, sino que busque un crecimiento más armónico entre campo y ciudad al interior del país.

Lo que permite el desarrollo es la estabilidad. Pero, ¿qué nueva cultura económica debería regir el Perú después del populismo? El capítulo final del libro, y que me permito sugerir como lectura, aborda esta inquietud bajo la tesis de que el desafío peruano está definido por una tríada: desarrollo, democracia e igualdad social.

Este capítulo explica el ingreso de Alberto Fujimori a la historia del Perú como un accidente electoral. Explica, también, su carencia de programas y equipos, y la adopción inmediata de la agenda intelectual de la derecha. Analiza la política frente a la hiperinflación y los límites de los éxitos económicos. Comenta el ajuste económico llevado a cabo sobre una tensa estructura de pobreza, agravada por la hiperinflación; subrayando que el gobierno de Fujimori no ha prestado suficiente atención a lo que se ha llamado el programa Social de Emergencia.

Después del ajuste económico - dice - ha llegado la hora del ajuste social. Para posibilitar la democracia y consolidar la economía de mercado, es preciso encarar el problema de la pobreza. Se necesita, por lo tanto, un ajuste democrático, en una doble dimensión: institucional y social. Sin éste, no habrá gobernabilidad a largo plazo. En este contexto, el problema de la pobreza es un desafío del futuro que sólo podrá ser superado con la creación constante de empleo y otras medidas adicionales como: una redistribución de impuestos, el estímulo al ahorro, la incorporación del sector „informal" a la economía de mercado, etc.

Fátima Figueroa de Wachter

Resumen

VV.AA.: *España y el euro: riesgos y oportunidades*. Servicio de estudios „la Caixa", Barcelona, 1997, 215 págs.

Monografía en la que varios expertos en economía analizan desde distintos ámbitos y perspectivas los riesgos y oportunidades que se derivan para España del acceso a la moneda única. El monográfico muestra a las claras todas las posibilidades y dificultades que supondrá para la peseta su sustitución. También vienen a ser considerados algunos de los problemas más relevantes acerca de la adopción de dicha moneda para los sectores del país.

¿Qué sabe de ... Perú?

Por un lado, las exportaciones del Perú han aumentado durante los últimos años. Por otro lado, el alza de los combustibles que ha sido superior al 50% en los últimos seis meses, ha puesto en desventaja la exportación de productos peruanos y afecta, así mismo, a la industria y a la agricultura. Desde este punto de vista, el sector exportador sigue compitiendo en desventaja debido a un combustible caro y porque sigue pagando el 2% de *impuesto a los activos*[6]. En Perú ni se reintegran el impuesto del *Draw Back*[7] a los exportadores ni el *impuesto selectivo al consumo*[8] por el combustible y en esas condiciones es difícil competir, porque la *economía de mercado* es globalizada.

En cambio, el sector pesquería anunció el crecimiento en las exportaciones específicamente de productos hidrobiológicos tradicionales y no tradicionales aunque con respecto a las ventas internas se registró un decrecimiento porcentual del 2,8% en comparación con el año pasado. En cuanto al proceso privatizador de empresas es irreversible y están garantizadas todas las inversiones. En lo que a sueldos se refiere, pese a que la remuneración mínima vital del sector público se elevó a 215 soles (US$ 85), los sueldos siguen siendo bajos. Perú es uno de los países con menor nivel de salario mínimo en América Latina.

---

[6] El *impuesto a los activos* es un tributo que paga toda persona jurídica (p. e. empresas) que afecta al valor total de su patrimonio. Este valor se determina mediante: edificios, terrenos, maquinarias, existencias (insumos, productos terminados, etc.), depósitos bancarios, bonos, etc. En el Perú, el *impuesto a los activos* es en 1997 del 1,5%.

[7] El impuesto del *Draw Back* es el reintegro de derechos de aduana al reexportar la mercancía.

[8] El *impuesto selectivo al consumo,* también llamado „impuesto general a las ventas" (IGV), es el impuesto que paga el consumidor por determinado tipo de bienes y es del 18%.

LECCIÓN 6

EL INFORME

Para la mayor parte de las carreras universitarias, los trabajos son *informes técnicos*. En un sentido general, un *informe* es una relación, una referencia a algo, una noticia o una orden de una persona. Es un documento que comunica una información concreta a un determinado lector o lectores. Suele ser un estudio detallado de un asunto de interés para una empresa o para el funcionamiento de una administración. Así pues, el *informe* es un escrito de una determinada extensión que comunica una información concreta a un lector. Por lo general, es una respuesta a una pregunta o una pregunta a otra persona en busca de información. En él se muestra el trabajo que se ha llevado a cabo y, por lo general, sirve de base para decidir y actuar. Su gran ventaja sobre la comunicación oral es que permite al lector estudiar el contenido en el momento deseado, lo que determina la posibilidad de ser leído por más gente y al mismo tiempo. Además, queda en los archivos facilitando consultas posteriores. La calidad de la labor científica de una empresa se puede juzgar por la calidad y cantidad de sus informes.

Para el informe aparecen una serie de esquemas que pueden aplicarse a los de carácter económico, comercial, industrial, concernientes a la organización y método. Estos esquemas son excluyentes por lo que usamos la disyuntiva y pueden ser presentados del siguiente modo:

1°   Portada, seguida de un sumario o tabla de materias.
2°   Prólogo, prefacio o introducción.
3°   Texto del grueso del informe, análisis y discusión.
4°   Sumario o exposición de conclusiones.
5°   Apéndices: Tablas y figuras / gráficas y estadísticas.
6°   Notas y bibliografía.

NO SERÁN LOS GRANDES LOS QUE SE COMERÁN A LOS PEQUEÑOS, SINO LOS RÁPIDOS A LOS LENTOS

En la industria moderna, el control de los costos ha sido reemplazado por la ventaja competitiva y la velocidad en términos de importancia estratégica. Bajo una empresa competitiva entendemos aquella que se adapta rápidamente a los nuevos desafíos. Por lo tanto, dichas empresas son más flexibles y están dispuestas a aprender, pensando en el presente las soluciones del futuro. La función de un asesor competente es la de alcanzar de manera más rápida y efectiva la ventaja competitiva. Para ello procura acelerar los procesos de toma de decisiones actuando como agente de cambios. El especialista se encarga de superar los obstáculos internos, la falta de visión empresarial y un largo etcétera de problemas.

Asesoría eficiente

Pero, ¿cuáles son las cualidades más relevantes que debe distinguir a un asesor eficiente? Para el éxito de un asesor se tiene en cuenta los siguientes criterios:

1°   Competencia comprobada;
2°   Fiabilidad;
3°   Disposición al trabajo en equipo; y,
4°   Alcance de la oferta de consultoría.

Ahora bien, el que un asesor posea todas estas cualidades no significa que tenga éxito en su proyecto ya que, por lo general, se enfrenta a dos obstáculos que han de ser superados, a saber:

A)   tiene que sopesar las discrepancias entre la cultura empresarial y la estrategia del asesor al querer implantar un nuevo modelo de empresa;

B)   ha de evaluar las resistencias a la hora de poner en práctica la nueva estrategia empresarial.

Una asesoría práctica tendrá éxito si se realiza durante la implantación de un nuevo modelo de empresa. Es decir, las metas de toda asesoría han de ser los éxitos mensurables y palpables para el cliente. Para que el „barco llegue a puerto" se necesita una serie de pasos que sistematizamos del siguiente modo:

Pasos a seguir
Los puntos de partida para las reformas lo ofrece el análisis de las fuentes y la investigación de las deficiencias. Basándonos en los análisis se desarrollan estrategias con vista a la supervisión del trabajo realizado. Seguidamente, se elabora una solución que se ha de asentar sobre el trabajo en equipo. El trabajo de equipo ha de estar concretizado en unos planes de acción. Finalmente, se pone en práctica las medidas desarrolladas que tiene como fin el mejoramiento amplio y efectivo de la estrategia empresarial.

Todo cambio del modelo empresarial y la realización de medidas correctivas requiere una adecuada formación del personal. El cambio supone la introducción de una nueva organización empresarial, el entrenamiento del personal y la prestación de nueva asistencia técnica en todos los niveles.

Ejercicios:
1°   Lea atentamente el informe.
2°   Analice sus parte.
3°   Recoja las ideas que le parecen más destacadas.
4°   Discuta en clase dichas ideas.
5°   Compare la política que plasma el informe con la teoría
*   acerca de la asesoría.*
6°   Discuta los pasos que propone el informe.

EL SECTOR SERVICIOS HA CREADO NUEVOS PUESTOS DE TRABAJO

La estabilización del número de parados en torno a 3,5 millones de personas desde 1993 refleja uno de los aspectos más inquietantes de la economía española.[1] El mantenimiento del número de parados no significa que el mercado laboral permanezca estancado.[2] Todo lo contrario; se crea empleo, pero cada día hay más jóvenes que buscan nuevos puestos de trabajo. A diferencia de lo que ocurre en otros países europeos donde el paro crece por la destrucción de empleo, en España el desempleo se mantiene elevado por la fuerte incorporación de jóvenes y mujeres, al mercado laboral. El intenso aumento del empleo en los servicios ha resultado insuficiente para absorber toda la demanda.

Los datos que seguidamente presentamos descubren las características de los nuevos yacimientos del empleo. El informe se basa en buena parte en el análisis de los datos de la EPA del Instituto Nacional de Estadística (INE), Eurostat y el Banco de España. Ha de destacarse el positivo comportamiento de los servicios, que han generado 710.000 empleos netos desde 1993. El aumento de 188.000 y 44.000 empleos netos en la construcción y la industria, respectivamente, contrasta con la pérdida de 122.000 en la agricultura.[3]

Resulta especialmente interesante conocer qué tipo de servicios han sido los más dinámicos, ya que permite anticipar las futuras necesidades. Destaca el aumento de la sanidad y de

---

[1] Véase el estudio de: J. I. García Pérez (1996): *Las tasas de salida del empleo y el desempleo en España (1978-1993)*. Madrid, CEMFI.

[2] Un ejemplo: R. Carrasco (1995): *El empleo por cuenta propia en España: un análisis empírico*. Madrid, CEMFI.

[3] El aumento del empleo en la industria tiene su origen en la introducción de nuevas tecnologías, que precisan nueva mano de obra.

los servicios sociales, con 118.00 empleos nuevos; educación (93.000); hostelería (84.000), y Administraciones Públicas (52.000). El comercio al por mayor generó 31.000 y el comercio al detalle 40.000, otras actividades empresariales registraron un aumento de 122.000 ocupados. Aparecen también otras nuevas profesiones que reflejan claramente un nuevo concepto del empleo. Es el caso de la industria del ocio, que en tres años ha crecido un 32% tras crear 57.000 empleos netos, o de las actividades inmobiliarias, que incrementaron sus efectivos en un 61%, con un aumento de 16.000 personas, y la informática, que ha registrado un aumento del 27%, con 11.000 empleados más. También es significativo el crecimiento del empleo en agencias de viajes (16.000) o en actividades asociativas (10.000). El crecimiento no ha sido uniforme: destaca el aumento en Baleares (32%), Cataluña (28,6%), Andalucía (26,6%) y Murcia (24,4%).

Los datos subrayan también el impresionante crecimiento del empleo femenino, que ha aumentado tres veces más que el masculino desde 1987. Entre 1987 y 1996 los varones ocupados aumentaron un escaso 1%, mientras que las mujeres lo hicieron en un 24%. Otro de los aspectos destacables es el éxito de los universitarios en la búsqueda de trabajo. En los últimos 10 años la estructura española en el campo del empleo ha cambiado profundamente. Los trabajadores sin estudios han descendido un 40%, mientras que los técnicos y los universitarios han aumentado un 143% y un 67%, respectivamente.[4] Este dinamismo del mundo laboral revela que no hay crisis de empleo.

---

[4] El FMI ha analizado el efecto de la caída del empleo en la industria manufacturera de los países desarrollados y el aumento de las diferencias salariales entre los trabajadores más y menos cualificados y en el crecimiento del paro entre estos últimos.

EL DEBATE SOBRE EL REGISTRO DEL PARO

En España existe un debate acerca de la heterogeneidad de las distintas fuentes sobre ocupación y paro. Los datos de la EPA se obtienen mediante una *muestra* a partir de la cual se hacen *estimaciones* sobre el conjunto de la población. Se pueden recoger datos diferentes si se tienen en cuenta el registro de afiliados a la Seguridad Social y el de cotizantes del mutualismo de la Administración. Según los últimos datos, hay un millón de trabajadores ocupados legales más de la estimación de la EPA.

El debate sobre la validez de los resultados de la EPA se abrió en 1993, cuando el paro así estimado alcanzó los 3,3 millones de personas. Los parados, según el Instituto Nacional de Empleo (INEM) eran 2,5 millones. Las cuestiones que resultan se pueden condensar mediante las siguientes preguntas: ¿ A qué se deben diferencias tan notables? ¿Cuál es el número real de ocupados y de parados?

La primera cuestión se puede contestar de una manera sencilla: las contradicciones se deben al margen de las diferencias entre el método de registro y el de estimación, por lo que ambos métodos miden fenómenos diferentes. Para el registro del INEM un parado es toda persona que se ha inscrito. Según la EPA, ésta detecta el paro no registrado. Segundo, la definición de „parado" en el registro del INEM es bastante restrictiva.

Los resultados de la EPA proporcionan ventajas si se quiere analizar la situación actual y la evolución de la actividad. Las ventajas son: la EPA ha de investigar la relación entre población y actividad; permite un estudio de los hogares y de los individuos; permite un seguimiento de los indicadores económicos; y, es homologable internacionalmente.

El siguiente gráfico aclara las diferencias entre Ocupados, parados, inactivos y la población menor de 16 años y mayor de 64 años.

GRÁFICO 1

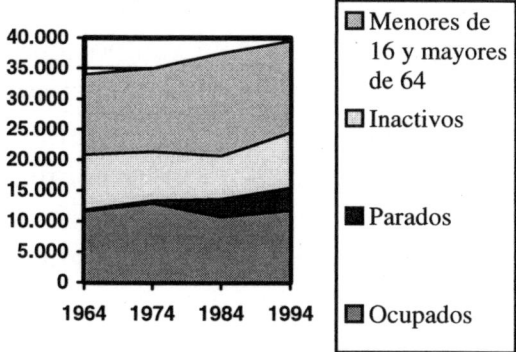

Ejercicios de comprensión sobre el desempleo.

Cuestiones	Sí	No
¿Es el „paro" un término unívoco?		
¿Presenta la EPA las cifras exactas del paro?		
¿Muestran informaciones de tipo sociológico sobre la población las estimaciones de la EPA?		

Ejercicio de expresión libre. Discutan en clase sobre un país de la Unión Europea acerca de los siguientes aspectos y escriba un comentario:
 °   *El futuro del empleo en España.*
 °   *Consecuencias del desempleo.*

Preguntas de comprensión sobre el desempleo.

Preguntas	Respuestas	
¿Qué se entiende por „paro"?	Según la EPA	Según el INEM
¿Cuáles son las estimaciones sobre el conjunto de la población?	Según la EPA	Según el INEM

LA REFORMA LABORAL

Frenar el desempleo y reducir la precariedad en el empleo es el objetivo de la reforma laboral que han pactado empresarios y sindicatos tras casi un año de intensas negociaciones. Para conseguir estos objetivos, empresarios y sindicatos han tenido que ceder en sus posiciones hasta llegar a un consenso que incluye un despido más barato a cambio de una menor temporalidad en el empleo, contratos de formación para jóvenes que sustituyan al aprendizaje, más control sobre la contratación temporal y aclarar las causas del despido para evitar que los jueces declaren improcedentes despidos que están justificados.

El crecimiento económico sostenido es necesario para la creación de empleo. En estos momentos, España se encuentra ante una serie de retos derivados de su pertenencia a la Unión Europea. Por esta razón, se hace preciso articular una serie de medidas que contribuyan de forma conjugada con dicho crecimiento a mejorar nuestra actual tasa de empleo.

El empleo es la resultante de múltiples variables, entre ellas, una política económica que lo potencie, así como un marco adecuado de relaciones laborales que posibilite una mayor flexibilidad al tiempo que una mayor permanencia en el empleo de los trabajadores y trabajadoras; contribuyendo así a mejorar la competitividad y el buen funcionamiento de las empresas.

El contexto actual se caracteriza por la alta tasa de desempleo existente en España (22% de la PA), así como por la temporalidad (34%) y rotación de la contratación laboral, que tienen graves efectos sobre la población trabajadora, el crecimiento económico, el funcionamiento de las empresas y el sistema de protección social. La actual tasa de desempleo juvenil (42 % de la población menor de 25 años) aconseja la adopción de medidas específicas para este colectivo que, por una parte, posibiliten recibir o completar la formación adquirida y aplicar dichos conocimientos a través de los contratos de formación y prácticas; y de otra parte, permitan que puedan incorporarse al mercado laboral en términos de mayor estabilidad que hasta ahora. En consecuencia, el funcionamiento del mercado laboral en la actualidad no resulta el más adecuado para basar sobre él un modelo de relaciones laborales estables, ya que perjudica tanto a las empresas como a los trabajadores.

El Acuerdo y las medidas que en el mismo se proponen pretenden contribuir a la competitividad de las empresas, a la mejora del empleo y a la reducción de la temporalidad y rotación del mismo. CEOE, CEPYME y CC.OO. y UGT desean potenciar la contratación indefinida; favorecer la inserción laboral y la formación teórico-práctica de los jóvenes; especificar y delimitar los supuestos de utilización de la contratación temporal, especialmente los contratos de obra o servicio y eventual por circunstancias de la producción; mejorar conjuntamente con el Gobierno el actual marco de la protección social del trabajo a tiempo parcial, entre otros.

El Acuerdo otorga un mayor protagonismo a la Negociación Colectiva en la contratación, especialmente en los contratos formativos y temporales causales. Además incorpora también la propuesta de constitución de una Comisión Mixta de Empleo que efectúe un seguimiento del mercado de trabajo con especial atención a las medidas de reforma.

Ejercicio:
¿Considera que el acuerdo solucionará el problema del desempleo en España?

¿Qué sabe del ... Tratado de Libre Comercio?

El 12 de agosto de 1992, el Secretario de Comercio y Fomento Industrial de México, el Ministro de Industria, Ciencia y Tecnología y Comercio Internacional de Canadá y la Representante Comercial de Estados Unidos, concluyeron las negociaciones del Tratado de Libre Comercio de América del Norte (TLCAN o TLC). Los tres países confirmaron su compromiso de promover el empleo y el crecimiento económico, mediante la expansión del comercio y de las oportunidades de inversión en la zona de libre comercio. También ratificaron su convicción de que el TLC permitirá aumentar la competitividad internacional de las empresas mexicanas, canadienses y estadounidenses, en forma congruente con la protección del medio ambiente. Se reiteró el compromiso de los tres países del TLC de promover el desarrollo sostenible, y proteger, ampliar y hacer efectivos los derechos laborales, así como mejorar las condiciones de trabajo en los tres países.

Las disposiciones iniciales del TLC establecieron formalmente una zona de libre comercio entre México, Canadá y EE.UU., de conformidad con el Acuerdo General sobre Aranceles Aduaneros y Comercio (GATT). Estas disposiciones proveen las reglas y los principios básicos que rigen el funcionamiento del Tratado. Los objetivos del Tratado son: eliminar barreras al comercio; promover condiciones para una competencia justa, incrementar las oportunidades de inversión, proporcionar protección adecuada a los derechos de propiedad intelectual, establecer procedimientos efectivos para la aplicación del Tratado y la solución de controversias, así como fomentar la cooperación trilateral, regional y multilateral. Los países miembros del TLC lograrán estos objetivos mediante el cumplimiento de los principios y reglas del Tratado, como los de trato nacional, trato de nación más favorecida y transparencia en los procedimientos.

Cada país ratifica sus respectivos derechos y obligaciones derivados del GATT y de otros convenios internacionales. Para efectos de interpretación en caso de conflicto, se establece que prevalecerán las disposiciones del Tratado sobre las de otros convenios, aunque existen excepciones a esta regla general. Por ejemplo, las disposiciones en materia comercial de algunos convenios ambientales prevalecerán sobre el TLC, de conformidad con el requisito de minimizar la incompatibilidad de estos convenios con el TLC.

En las disposiciones iniciales se establece también la regla general relativa a la aplicación del Tratado en los diferentes niveles de gobierno de cada país. Asimismo, en esta sección se definen los conceptos generales que se emplean en el Tratado, a fin de asegurar uniformidad y congruencia en su utilización.

El Tratado consta de una Introducción, un Preámbulo los Objetivos y otras disposiciones iniciales, trata las Reglas de origen, acerca de la Administración aduanera, en el apartado sobre el Comercio de Bienes se analizan las subáreas de Textiles y prendas de vestir, Productos Automotrices, Energía y petroquímica básica, Agricultura, Medidas sanitarias y fitosanitarias, Normas técnicas, Medidas de emergencia, Revisión de asuntos en materia de antidumping y cuotas compensatorias, Compras del sector público, Comercio transfronterizo de servicios, Transporte terrestre, Telecomunicaciones, Inversión, Política en materia de competencia, monopolios y empresas del Estado, Servicios financieros, Propiedad Intelectual, Entrada Temporal de Personas de Negocios. Finalmente son tratadas ciertas Disposiciones institucionales y procedimientos para la solución de controversias, es decir, acerca de la Administración de disposiciones legales, Excepciones, Disposiciones finales. Acaba con un Resumen de las disposiciones sobre medio ambiente.

Ejercicios de comprensión sobre la empresa.

Cuestiones	Sí	No
¿Es el „TLCAN" un acuerdo político entre países del Norte y Centro América?		
¿Se propone el TLC el aumento de la competitividad en el mundo?		
¿Fue firmado el TLC por los EE.UU. y Canadá para ayudar a México en su deuda externa?		

Ejercicio de expresión libre. Posteriormente, escriba un comentario con las ideas más importantes sobre los siguientes asuntos:

º   *El futuro del TLCAN.*
º   *Las relaciones entre el TLCAN y la UE.*
º   *La relevancia del TLCAN para el comercio intrafronterizo.*
º   *La relación entre la Primera Potencia y México.*

Preguntas de comprensión sobre el TLCAN.

Preguntas	Respuestas	
¿Qué ámbito acapara el TLCAN y por qué?	Económicos	Político-sociales
¿Qué ayudas puede conseguir México de sus socios?		
¿Cuáles pueden ser los puntos fuertes y débiles del TLCAN?	Puntos fuertes	Puntos débiles

LECCIÓN 7

GRÁFICAS Y ESTADÍSTICAS

Los *informes técnicos* contienen tablas y figuras, o gráficas y estadísticas para fundamentar las tesis de trabajo. Su uso es recomendado porque reduce el trabajo de comprensión de una tabla de valores que a simple vista da poca información. Suponen una herramienta imprescindible de *control de un proceso*. Bajo „proceso" se entiende toda actividad que recibe un factor de producción (*inputs*) y que lo convierte en un producto (*outputs*).[1] Denominamos un control estadístico de proceso a todo procedimiento que puede determinar si un proceso genera *outputs* que se ajustan a determinadas especificaciones y si es probable que los siga generando. Los medios que se usan son, la medición de parámetros clave de una pequeña muestra de *outputs* generadas a intervalos.

Se persigue mediante el desarrollo de gráficas o estadísticas la utilización de la información obtenida como base para realizar ajustes sobre los *inputs* al proceso o sobre el proceso, para evitar que se produzcan *outputs* que no se ajusten a las especificaciones. Así pues, se pueden reducir las variaciones de las salidas de un proceso. Permite una mejora constante de la actuación del proceso. Cuando se reducen las variaciones con respecto al valor nominal, entonces aportan claras ventajas competitivas. Las ventajas del control estadístico de procesos permite reducir la cantidad de *outputs* que no se ajustan a las especificaciones, evitan que se pasen por alto algunos *outputs* que no se ajustan a las especificaciones y se mejora continuamente los procesos.

---

[1] Las necesidades básicas de un proceso son el presupuesto, los equipos, la materia prima, el conocimiento del manejo de los equipos, el procedimiento sobre cómo se presenta el presupuesto, un manual de comprobación y la experiencia.

Estilo directo e indirecto

Usamos el estilo indirecto para referirnos a un enunciado que ha expresado una tercera persona.

Ejemplos típicos son:

Juan: Ana dice que comas más carne.   A: B dice que ...
José: Dile a Ana que soy vegetariano.   C: Dile a B que ...

Usos:

Estoy enfermo.   Dice que está enfermo.
Esta casa me gusta mucho.   Me ha dicho que esta casa le gusta mucho.

Gramática: Se transforman los siguientes tiempos

Presente   Pretérito imperfecto
- Estoy   Dijo que estaba
Pretérito perfecto   Pretérito pluscuamperfecto
- He estado   Dijo que había estado
Futuro   Potencial
- Estaré   Dijo que estaría

Ejercicio (Pregunta: P y Respuesta: R):

P: *Sr. Presidente, ¿cómo se encuentra la empresa?*
R: *La empresa está saneada.*
P: *Sr. Presidente, ¿cómo se produce el déficit presupuestario?*
R: *El déficit se debe a las inversiones.*
P: *Sr. Presidente, ¿va a llevarse a cabo una reducción de plantilla?*
R: *No será necesario, si se cumplen los acuerdos.*

Escriba un texto usando el estilo indirecto y describiendo la situación de la empresa.

Relaciones con el exterior

En el Informe Anual sobre el pasado ejercicio,[2] el Banco de España, considera muy satisfactoria la disminución observada en el *déficit comercial*. Sin embargo, alerta sobre el repunte experimentado por los costes laborales y considera necesario seguir profundizando en la vía de la flexibilización para impulsar la competitividad de los productos españoles y mantener el alza de las exportaciones. El contexto de globalización económica obliga a las empresas españolas a mantener sus precios estrechamente ligados a los de sus competidores.

El pasado año, el valor de las exportaciones de mercancías españolas alcanzó los 12,9 billones de pesetas, mientras que las importaciones supusieron un importe de 14,8 billones. A este déficit comercial, 1,88 billones de pesetas, hay que descontar el superávit de la *balanza de servicios*[3], 2,53 billones, (debido fundamentalmente al turismo) y otro en la *balanza de transferencias corrientes*[4] de 324.000 millones. La balanza de rentas tuvo un déficit de 751.000 millones de pesetas, lo que conforma una *balanza por cuenta corriente*[5] con un superávit de 223.700 millones. Sumados los 806.700 millones positivos de la cuenta de capital, la *balanza de pagos*[6] arrojó un resultado positivo de 1,13 billones de pesetas el pasado año, con una mejora del 22,8 por ciento respecto a los 920.000 millones de 1995.

---

[2] Banco de España (1997): *Informe Anual 1996*. Madrid, Banco de España.

[3] Comprende los ingresos y pagos realizados entre un país y el resto del mundo en concepto de servicios intercambiados.

[4] Ingresos y pagos unilaterales entre países y el resto del mundo.

[5] Saldo de la suma algebraica de las balanzas de mercancías, servicios y transferencias.

[6] Registro de las transacciones de un país con el resto del mundo por unidad de tiempo.

CUADRO 3

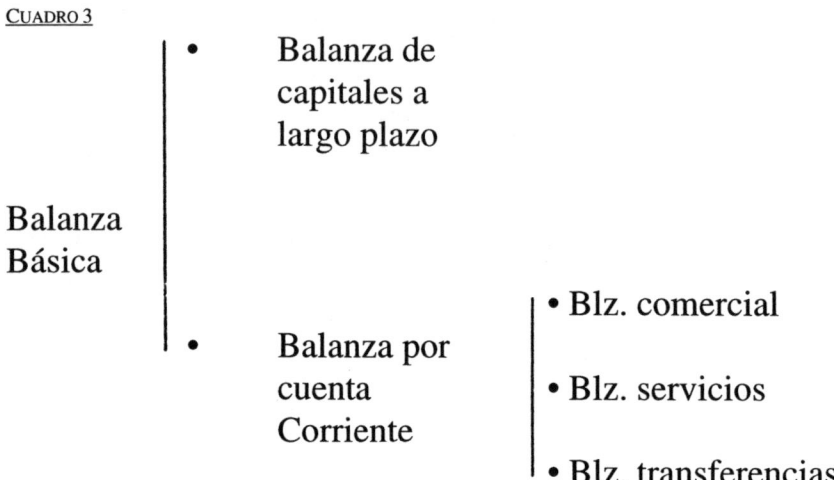

Balanza
Básica

- Balanza de capitales a largo plazo

- Balanza por cuenta Corriente
  - Blz. comercial
  - Blz. servicios
  - Blz. transferencias

GRÁFICO 2

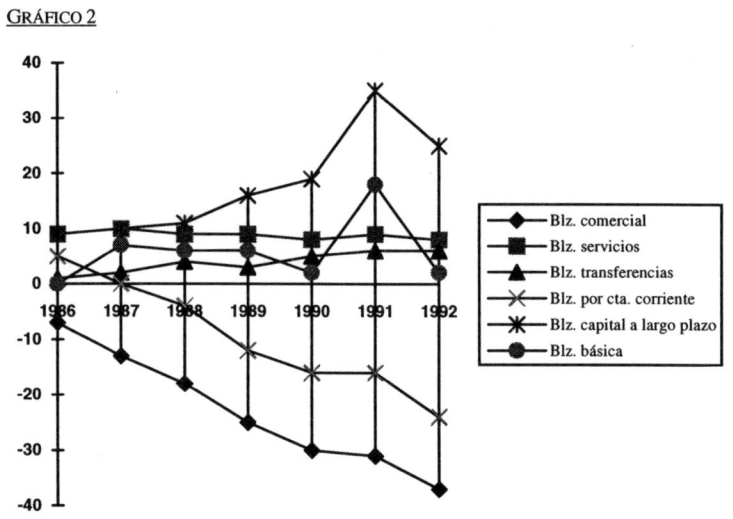

LA BALANZA POR CUENTA CORRIENTE REGISTRÓ UN SUPERÁVIT DE 297.000 MILLONES A FINALES DE FEBRERO DE 1997

La balanza por cuenta corriente registró un superávit en los dos primeros meses del año de 297.500 millones de pesetas, lo que supone un aumento del 180% en relación con los 106.600 millones del mismo periodo de 1996. En febrero, el superávit se elevó a 128.700 millones.

Según el Banco de España, al resultado acumulado del año contribuyó a la reducción en un 20% del déficit comercial, gracias al mayor crecimiento de las exportaciones (11%), frente al incremento de las importaciones (6%). Además, hay que tener en cuenta el aumento en un 18% en el saldo neto turístico y el fuerte crecimiento en el superávit por transferencias corrientes (80%).

El capítulo de rentas registró un nuevo deterioro, al pasar de un saldo negativo de 34.800 millones en los dos primeros meses del año pasado a un saldo negativo de 89.400 millones este año. La cuenta de capital experimentó un superávit de 67.300 millones, inferior al excedente de 159.500 millones de igual periodo del año anterior.

El saldo de la cuenta financiera registró unas entradas netas de 291.900 millones, frente los 362.000 millones en el mismo periodo de 1996. Las reservas aumentaron hasta 64.807 millones de US$.

CUADRO 4

Años	Déficit comercial (en millones)	Rentas (en millones)	Cuenta de capital (en millones)	Saldo de la cuenta financiera (en millones)
1996	106.600	-34.800		362.000
1997	297.000	-89.400	67.300	291.000

LAS ACTIVIDADES PROCESUALES

En la definición de proceso desde el punto de vista del *output* a los clientes, se cuestionan las siguientes preguntas: ¿Quiénes son los clientes? ¿Qué les entrego? ¿Cuáles son sus necesidades? ¿Cuál es mi nivel de actuación actual? ¿Qué medidas puedo tomar para mejorar?

En la definición de proceso desde el punto de vista del *inputs* a los clientes se cuestionan las siguientes preguntas: ¿Quiénes son mis proveedores? ¿Qué me entregan? ¿Cuáles son mis necesidades? ¿Cuál es mi nivel de actuación? ¿Qué mejoras pueden realizar?

En la definición de proceso podemos cuestionar los requisitos mediante las siguientes preguntas: ¿Qué se requiere? ¿Existe eso ahora de manera fiable? ¿Qué mejoras se pueden realizar? ¿Quién puede hacer que suceda esto? ¿Qué habilidades y conocimientos se requieren? ¿Qué materiales, equipos e instalaciones se necesitan? ¿Qué procedimientos, instrucciones e información necesita el personal?

Cuando generamos productos que se ajustan a determinadas especificaciones, operamos bajo control para que sólo se puedan generar productos que se ajusten a las especificaciones dadas. Los métodos que se usan son: la hoja de recogida de datos, la votación y ponderación, los histogramas, los diagramas de Ishikawa (causa y efecto), el diagrama de Pareto, los diagramas de dispersión y la pirámide de población. Un diagrama, en general, es una figura gráfica construida para representar un fenómeno determinado. El más simple es el denominado diagrama de barras en donde la variable de estudio está representada en el eje de abscisas, mientras que los distintos valores que va tomando se representa en el eje de ordenadas. Queda representado por una línea, o por una curva, que indica la evolución del fenómeno.

LA HOJA DE RECOGIDA DE DATOS

El soporte indispensable para plasmar los datos de los que tenemos necesidad de analizar se lleva a cabo mediante una hoja de recogida de datos. Se diferencia entre datos cuantificables, datos medibles, datos por situación del defecto, hoja de síntesis y hoja utilizada como lista de control.

CUADRO 5

Dimensiones/ Años	7%	8%	9%	10%
1996	\\\\ [4]	\\\\\\\ [7]	\\\\\\\\\ [9]	\ [1]
1997	\\\\\\\ [7]	\\\\\\\ [8]	\\\\\ [5]	\\ [2]
1998	\\\\\\\\\ [9]	\\\\ [4]	\\\\\ [5]	\\\ [3]
1999	\\\\\\ [6]	\\\\\\\ [7]	\\\\\ [5]	\\\\\ [5]

VOTACIÓN Y PONDERACIÓN

La votación es la expresión de un parecer o dictamen en orden a la decisión de un punto o elección de un sujeto. Se llevan a cabo en una junta o asamblea, ya sea razonándolo o por medio de una señal convenida. Las ponderaciones son valoraciones dadas a las variables para asignarles un peso proporcionado a la importancia de cada una.

TORMENTA DE IDEAS

La denominada „tormenta de ideas" (*Brain storming*) se lleva a cabo en la reunión de un grupo con la intención de resolver un problema mediante la aportación de ideas nuevas.

LOS HISTOGRAMAS

L os histogramas se considera al diagrama de barras que permite obtener una visión completa y sintética de los datos corregidos. Por lo general se diferencia entre clase, frecuencia y rango. La clase es la dimensión de un intervalo de variabilidad de los datos que se toma como base para representar los propios datos. La frecuencia es el número de elementos comprendidos en una determinada clase. El rango se considera la dimensión del intervalo existente entre el máximo y el mínimo de valores.

GRÁFICO 3

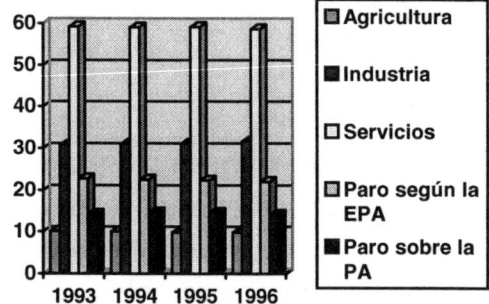

Ejercio: *Acceder   el   servidor   del   INEM [http://www.inem.es/] y construir un diagrama en base a los datos que se publican mensualmente sobre el desempleo.*

Representar datos estadísticos mediante el diagrama de barras.

LOS DIAGRAMAS DE ISHIKAWA[7]
(LOS DIAGRAMAS DE CAUSA Y EFECTO)

S i denominamos el objetivo como „efecto" y para alcanzarlo es preciso definir las causas, entonces podemos construir el diagrama de Ishikawa. Se genera un gráfico que muestra las relaciones entre una característica y sus factores o causas. Representa gráficamente todas las posibles causas de un fenómeno.

CUADRO 6

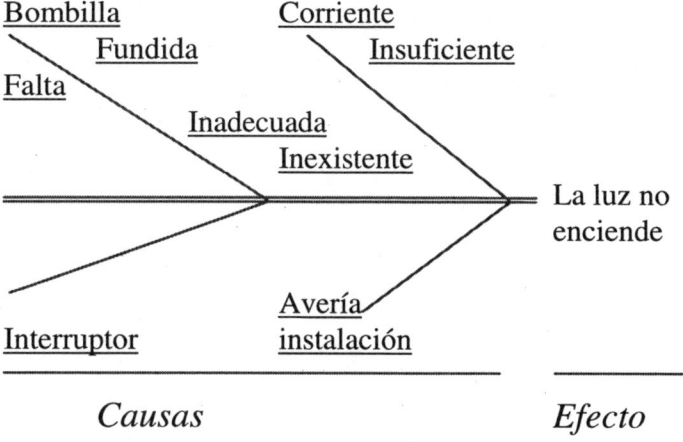

Causas   _Efecto_

---

[7] Kaoru Ishikawa (1915-1989). Inventó el diagrama que lleva su nombre, conocido también como diagrama causa y efecto o el diagrama de espinas de pez, para completar otros instrumentos y técnicas para la mediación, el control y la mejora de los procesos en las compañías japonesas.

EL DIAGRAMA DE PARETO[8]

Es el instrumento que se utiliza para definir las cosas más importantes en las que centramos la atención aplicando lo que se denomina ley universal de las prioridades: en cualquier situación, en cualquier problema, existen siempre poquísimos factores importantes y muchísimos factores de escasa importancia.

LOS DIAGRAMAS DE DISPERSIÓN

Es una representación gráfica mediante puntos (también se denomina „nube de puntos"), en un sistema de coordenadas cartesianas, de los distintos valores que toman dos variables.

GRÁFICO 4

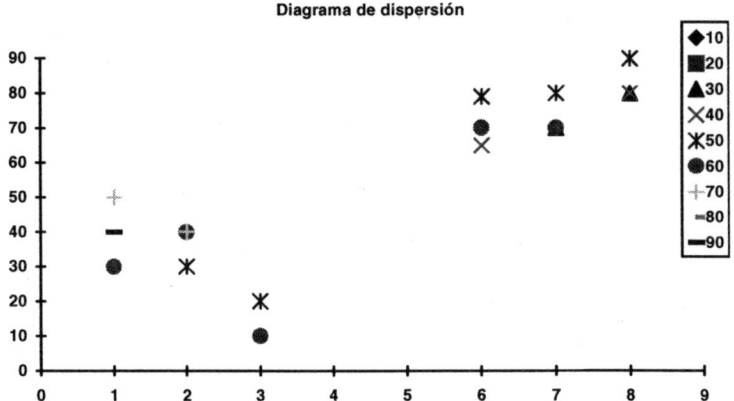

_____

[8] Vilfredo Pareto (1848-1923) Economista y sociologo italiano de origen francés. Conocido por aplicar las matemáticas a los análisis económicos.

LA PIRÁMIDE DE LA POBLACIÓN

Es una representación gráfica de una estadística mixta resultante de la observación conjunta del sexo y de la edad de un colectivo humano. Resulta de señalar en las ordenadas de un gráfico las edades de cero a -por ejemplo- cien años, mientras en las abscisas se va reflejando, a la derecha e izquierda para cada año, el número de mujeres y hombres respectivamente. La figura resultante será normalmente ancha en la base y estrecha por la cúspide, dado que hay mayor cantidad de niños y gente joven que de ancianos.

GRÁFICO 5

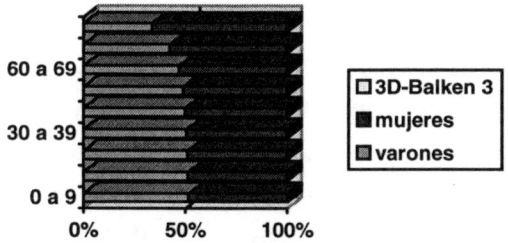

¿Qué sabe de la ... CEPAL?

La Comisión Económica para América Latina y el Caribe (CEPAL) fue establecida por la resolución 106(VI) del Consejo Económico y Social, de 25 de febrero de 1948, y comenzó a funcionar ese mismo año. En su resolución 1984/67, de 27 de julio de 1984, el Consejo decidió que la Comisión asumiese el nombre que lleva actualmente. Los estados miembros de la CEPAL son Antigua y Barbuda, Argentina, Bahamas, Barbados, Belice, Bolivia, Brasil, Canadá, Colombia, Costa Rica, Cuba, Chile, Dominica, Ecuador, El Salvador, España, Estados Unidos de América, Francia, Granada, Guatemala, Guyana, Haití, Honduras, Italia, Jamaica, México, Nicaragua, Países Bajos, Panamá, Paraguay, Perú, Portugal, Reino Unido de Gran Bretaña e Irlanda del Norte, República Dominicana, Saint Kitts y Nevis, San Vicente y las Granadinas, Santa Lucía, Suriname, Trinidad y Tabago, Uruguay y Venezuela.

Las funciones más importantes de la secretaría de la CEPAL son las siguientes: realizar estudios e investigaciones; promover el desarrollo económico y social mediante la cooperación; reunir, organizar y difundir información y datos relativos al desarrollo económico y social de la región; prestar servicios de asesoramiento a los gobiernos y planificar, organizar y ejecutar programas de cooperación técnica; promover actividades y proyectos de asistencia para el desarrollo; organizar conferencias y reuniones de grupos intergubernamentales y de expertos y patrocinar cursos prácticos de capacitación, simposios y seminarios; contribuir a que se tenga en cuenta la perspectiva regional respecto de los problemas mundiales; coordinar las actividades de la CEPAL con las de los principales departamentos y oficinas de la Sede de la ONU.

LECCIÓN 8

EQUILIBRIO INTERNO Y EXTERNO

Desde un punto de vista general se denomina *equilibrio interno* a aquella situación que se produce cuando una economía ha alcanzado el pleno empleo y la estabilidad de los precios. Por lo general se representa mediante un gráfico en el que el eje de ordenadas mide el cambio real de la moneda tratada y el de abscisas, el gasto o absorción interna de la economía en cuestión en términos reales. La recta 'EI' está compuesta por todos aquellos pares de valores de tipo de cambio y de gasto real (es decir, pleno empleo y estabilidad de precios). La pendiente describe un ascenso positivo ya que se aprecia la moneda, se incrementan las importaciones y disminuyen las exportaciones. La recta 'EE' representa todos aquellos pares de valores de tipo de cambio y gasto real para los que se da un equilibrio exterior (es decir en la cuenta corriente). La pendiente desciende ya que con el incremento del gasto, y con él las importaciones se deberá depreciar la moneda para fomentar las exportaciones.

<u>CUADRO 7</u>

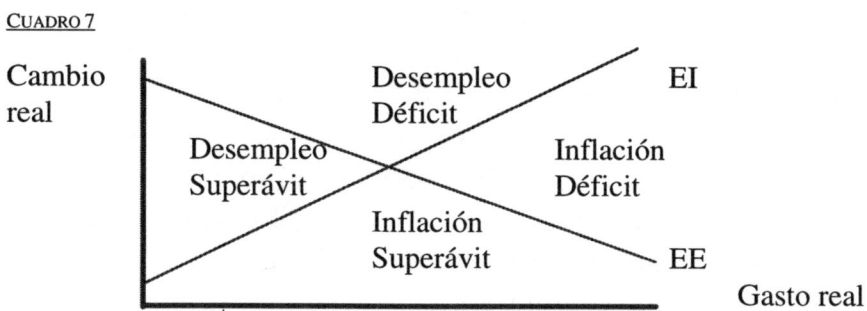

Cada cuadrante representa una situación de desequilibrio interior/exterior cuya corrección adecuada requiere de la ayuda de políticas de cambio real y de gasto real.

EL EURO

El sistema para fijar las paridades del Euro no está definido.[1] En síntesis se barajan dos fórmulas que tienen a su vez varias alternativas: 1° la propuesta Lamfalussy, del ex presidente del Instituto Monetario Europeo, que toma como referencia un promedio de tipos de cambio de cada divisa en los dos o tres últimos años y da más peso a los más antiguos; 2° el tipo de cambio de la jornada previa al inicio del euro - el 1 de enero de 1999 - que entraña grandes riesgos de desatar la especulación de los mercados.

No parece probable que la fijación irrevocable de las paridades se haga teniendo en cuenta exclusivamente los tipos de cambio, porque podrían existir conflictos de intereses entre países y, además, no resultaría factible que se alejaran excesivamente de los tipos de cambio de mercado para evitar riesgos especulativos. Es probable que las paridades bilaterales se determinen en el momento de selección de los países que integrarán la UME. De esta manera, se desincentivan las especulaciones y los intentos de Gobiernos y Bancos Centrales por depreciar sus respectivas monedas.

Existen otras incógnitas ya que los criterios de Maastricht hablan de un período previo de estabilidad cambiaria, pero no especifican qué bandas de fluctuación en el SME van a considerarse para decidir si hay o no tal estabilidad. Ahora bien, hay letra oficial sobre si el margen de fluctuación es de más/menos 2,25% sobre el valor central, que era el vigente cuando se firmó el tratado, o del 15% que se fijó en 1993 y que está vigente ahora. Otros dos problemas más son: qué tipo de cambio se decide y con qué credibilidad se comunica a los mercados para evitar la volatilidad en los meses que separan esta fecha del inicio del Euro.

---

[1] J. Elias (1996): *El desafío de la moneda única*. Barcelona, Servicio de Estudios „La Caixa".

TIPO DE CAMBIO

A partir de la integración de la peseta en el compromiso de cambio del SME, en junio de 1989 se crearon tipos de cambio fijos con las monedas europeas y una banda de oscilación frente a ellas en el mercado del ± 6%. El objetivo de mantener el tipo de cambio obliga a conseguir los mismos niveles de inflación, de tipo de interés y de déficit público. Los malos resultados en exteriores han obligado a devaluar varias veces la peseta que viene a ser expuesta en el cuadro:

CUADRO 8

Fecha	Operación	Tipo de cambio	Observaciones
19-6-1989	-	133,8 ptas. / ECU	España se incorpora al compromiso cambiario del SME, con una banda de oscilación del ± 6%
17-9-1992	Devaluación	139,1 ptas. / ECU	El porcentaje se refiere al tipo central vigente en el momento de la devaluación
21-9-1992	Devaluación	143,3 ptas. / ECU	-
13-5-1993	Devaluación	154,2 ptas. / ECU	Las bandas del SME se amplían el 2-8-1993 al ±15%
5-3-1995	Devaluación	162,4 ptas. / ECU	-

Si bien, la devaluación ha supuesto en España una mejora en el saldo corriente, sin embargo ha empeorado la relación de intercambio y disminuido la renta real, medida en términos de poder adquisitivo.[2]

---

[2] J. C. Sicilia (1994) Explicaciones de la recesión en Europa: ¿Se ha alejado la posibilidad de convergencia? Madrid, CEMI; V. Donoso (1995): Balanza de pagos y equilibrio exterior. En: *Lecciones de economía española*. (Ed. J. L. García Delgado). Madrid, Editorial Civitas, pp. 485-510; J. C. Berganza (1995): *Coordinación de políticas*

Ejercicios de comprensión sobre el equilibrio externo y el Euro.

Cuestiones	Sí	No
¿Se denomina equilibro interno a la situación económica en la que no existe ni paro ni inflación?		
¿Depende la paridad del tipo de cambio?		
La paridad del Euro está establecida.		
¿Supone la fluctuación una amenaza para el Euro?		

Ejercicio de expresión libre. Discutan en clase el Euro y escriba un comentario acerca de los siguientes temas:

°   *El paro y la inflación.*

°   *El Euro.*

°   *Las fluctuaciones cambiarias.*

Preguntas de comprensión sobre el Euro.

Preguntas	Respuestas	
¿Qué propuesta presenta el texto para fijar las paridades?	Referencia de cambio	Cambio
¿A qué se denomina Euro?		
¿Qué es la UME y qué funciones asume?		
¿Cuáles son los problemas más importantes por los que atraviesa la moneda única?		

---

monetarias entre economías asimétricas. Madrid, CEMI; J. Muns (1997): España y el euro: riesgos y oportunidades. Barcelona, Servicio de Estudios „La Caixa".

COMERCIO EXTERIOR

El intercambio internacional de bienes y servicios es un instrumento para la promoción del crecimiento. El comercio permite que los países se especialicen en aquellas actividades en las que se muestran comparativamente más capaces; y proporciona a las empresas la posibilidad de disfrutar más plenamente de las economías de escala.[3] En un trabajo recientemente publicado, José Luis Raymond,[4] analiza el papel que juegan las exportaciones como motor de desarrollo y argumenta que: la asociación entre crecimiento y exportación sugiere (a) efectos positivos de las exportaciones sobre el crecimiento, y (b) que la economía es más eficiente y que gana competitividad; indica que existe un cierto peso de las exportaciones sobre el PIB; y, que la convergencia en los niveles del PIB *per cápita* en paridades de poder de compra se estanca en los países de la UE.

El sector exterior español ha evolucionado del siguiente modo: la progresión de las ventas externas produce un incremento en la cuota de mercado de las exportaciones; se genera un proceso de apertura de los flujos comerciales; y, se mejoran los saldos comerciales. De estas características se desprende que la economía no ha logrado cambiar el signo deficitario del saldo comercial. Éste se caracteriza por dos fenómenos relevantes: 1° el proceso de liberalización comercial; y, 2° los cambios habidos en la especialización comercial.

---

[3] A. Espina Montero (1995): *Hacia una estrategia española de competitividad*. Madrid, Visor.
[4] J. L. Raymond (1995): *Exportaciones y crecimiento económico*. Madrid, Fundación Fondo para la investigación económica y social.

PERÍODO HIPOTÉTICO

El período hipotético es aquél que se refiere a algo que el hablante quiere expresar como irreal o que considera de improbable realización en el futuro. En este caso, la condición es introducida por „si" y el verbo va en imperfecto del subjuntivo. La oración principal se expresa en condicional.

Ej.:   Si tuviera más tiempo, te ayudaría en este proyecto.

Cuando la condición introducida por „si" se refiere a algo que el hablante quiere expresar como irreal en el pasado, el verbo va en pluscuamperfecto del subjuntivo. La oración principal se expresa, en tal caso, en condicional perfecto.

Ej.:   Si lo hubiera sabido antes, te lo habría advertido.

I. Formule las siguientes oraciones en período hipotético.

1.   Europa se cohesiona políticamente. Tiene la población, la riqueza, la tecnología y el potencial militar para ser el poder predominante del siglo XXI.
      ....
      ....

2.   Las máquinas son de alta tecnología y tienen una garantía de un año. Cuando tienen un desperfecto, son arregladas gratis.
      ....
      ....

3.   Hay mucha delincuencia. Hay más paro.
      ....

4.   Firmaré el contrato siempre y cuando acepten la cláusula que se refiere a la estabilidad de trabajo.
      ....

5.   Hizo un buen trabajo. Por eso no lo despidieron.
      ....

6.   Has perdido el tiempo y, en consecuencia, no has hecho
     tu trabajo.

....

7.   El programa de gobierno es malo. No hay impulso a la
     exportación.

....

8.   La revista no es tan buena. Los temas no son actuales.

....

9.   He llegado tarde. He tenido mucho trabajo.

....

10. No sabemos este tema. No podemos pasar a otro.

....

II. Responda:

¿Qué ocurriría si Austria no formara parte de la UE?

....

Si Suiza no fuera un país neutral, ¿qué sucedería?

....

¿Qué ocurriría si la UE no se hubiera decidido por una
moneda única?

....

¿Qué pasaría si subiera la inflación?

....

¿Qué se tendría que hacer para bajar el paro?

....

¿Qué sucedería si bajaran los intereses?

....

¿Qué haría usted si no encontrara trabajo?

....

¿Dónde le gustaría a usted trabajar?

....

Smith Television Company

Robert Smith fundó una pequeña planta de fabricación de radios en Nueva York en el año 1960. A partir de su pequeño negocio se formó una de las compañías más grandes del país, fabricantes de radios, televisores y productos similares. Hacia 1989 sus ventas se aproximaban a 400 millones de dólares por año, con 30.000 empleados y 15 plantas de fabricación.

Durante el proceso de crecimiento de la compañía, Smith había seguido siendo la fuerza activa, imaginativa e impulsora. En los primeros años, todos los administradores y trabajadores lo conocían personalmente; de manera que, aún después de que la compañía se había vuelto bastante grande, las personas se sentían familiarizadas con el fundador, y este fuerte sentimiento de lealtad personal tenía mucho que ver con el hecho de que la compañía no se había sindicalizado nunca.

Sin embargo, conforme la compañía prosperaba y crecía, el Sr. Smith se preocupaba de que se estaba perdiendo el espíritu de „compañía pequeña". También le preocupaba que las comunicaciones se estaban deteriorando, que en la compañía no se estaban comprendiendo sus objetivos y filosofía, y como resultado, el desarrollo y la comercialización de nuevos productos estaban siendo afectados. Pero sobre todo, le preocupaba estar perdiendo contacto con las personas.

Para resolver el problema de comunicación, contrató a un director de comunicación. Entre los dos pusieron en operación todos los dispositivos de comunicación aplicados en otras compañías; tableros de boletines en todas las oficinas y plantas del país; una publicación revitalizada de la compañía; un „Libro de Hechos de la Compañía" para cada uno de los empleados, con información relevante; cartas periódicas sobre reportes de utilidades; cursos pagados por la compañía para enseñar técnicas de comunicación; reuniones para los ejecutivos; reuniones para los administradores; y una gran cantidad de comités especiales para analizar los asuntos de la compañía.

Después de mucho tiempo, muchos esfuerzos y muchos gastos, el Sr. Smith se desilusionó al encontrar que su problema de comunicación y su añoranza por una compañía pequeña aún existían.

Responda:
¿Por qué cree Ud. que se sintió desilusionado?
....
....
....
....
....
....
....

¿Cuál considera Ud. que es el problema real?
....
....
....
....
....
....
....

¿Qué sugeriría Ud. para mejorar la comunicación?
....
....
....
....

LA COMPETITIVIDAD

La apertura de los mercados mundiales está generando un elevado grado de *competitividad* entre los países, con el desarrollo de áreas económicamente deprimidas, que exportan sus productos a los países industrializados aprovechando la *ventaja comparativa* de sus menores costes laborales. La competitividad de una empresa puede definirse como la capacidad de una empresa para generar proporcionalmente más riqueza que sus competidores en el mercado mundial. Para cuantificar su nivel podemos analizar los factores puramente económicos y los factores político-sociales que inciden en el funcionamiento del aparato productivo como pueden ser educación, cultura empresarial y el sistema de valoración social en aspectos como la Seguridad Social, el ocio y la protección del medio ambiente. Los factores de competitividad se pueden desglosar del siguiente modo:

CUADRO 9

Recursos humanos	*Fortaleza de la economía interna*	*Internacionalización*
(I+D)	COMPETITIVIDAD MUNDIAL	*Gobierno*
Gestión empresarial	*Infraestructuras*	*Finanzas*

Bajo „Gobierno" puede entenderse el gasto público y los impuestos que pueden reducir el incentivo del ciudadano para producir. Otro aspecto puede ser la burocratización, los sistemas de contratación pública y los problemas de corrupción. En lo que respecta a la rúbrica „finanzas" se puede analizar el sistema de amortización de activos, la limitación o estado de desarrollo del mercado bursátil o la especulación. Dentro del apartado „gestión empresarial" se pueden analizar los componentes innovadores, la iniciativa, el riesgo, los *ratios* calidad-precio o la planificación, entre otros. Y así sucesivamente.

¿Qué sabe de ... Venezuela?

Venezuela organizó su economía productiva, servicios públicos y patrones de consumo alrededor de la renta petrolera. A finales de los ochenta, emprendió un severo programa de ajuste. El pilar fundamental del espacio económico, la industria petrolera, se encontraba en crisis. La empresa estatal *Petróleos de Venezuela, S.A.* (PDVSA) era, en 1994, la segunda compañía más grande del mundo conforme a la clasificación que consideraba el volumen de las reservas, la producción de crudo y gas, la capacidad de refinación y el monto de ventas.[5] A partir de la caída del precio del petróleo se vio la PDVSA ante serias dificultades para financiar las inversiones a largo plazo.

Las cuentas externas de la economía venezolana arrojaban un cuantioso saldo para sufragar los costos de la deuda externa (35.000 millones US$). Esta deuda absorbía un tercio del valor de las exportaciones totales y cerca del 80% de los ingresos petroleros. Por esta razón, se optó por un cambio estructural en el sistema socioeconómico mediante una apertura a la financiación privada. Esto suponía la asociación de financiación extranjera a la PDVSA, la reactivación de los campos petroleros inactivos y la producción de petróleos convencionales. De este modo, se estableció un nuevo modelo económico de distribución de la renta petrolera. Se llevaron a cabo determinados convenios de asociación estratégica para explotar y mejorar unos 200.000 b/d de petróleo y ejecutar un proyecto relacionado con la exploración y explotación de campos de gas libre costa afuera, construir un complejo de licuefacción y transporte y, exportar el gas natural licuado y los subproductos obtenidos.

---

[5] Véase: C. Domingo *y otros* (1996): La apertura petrolera y el capitalismo rentístico venezolano. *Comercio exterior*, 46/11, pp. 929-938.

Ejercicios de comprensión sobre la competitividad.

Cuestiones	Sí	No
¿Se denomina „competitividad" a la suma de los factores?		
¿Aprovecha el tercer mundo la ventaja comparativa para exportar?		
¿Un aumento del gasto público y de la deuda puede ayudar a un país a ser más competitivo?		
¿Los componentes innovadores en una empresa pueden ayudar a mejorar la competitividad?		

Ejercicio de expresión libre. Discutan en clase los factores de la competitividad y escriba un comentario sobre:
- *Los recursos humanos.*
- *Las infraestructuras.*
- *La economía interna.*
- *El grado de internacionalización.*
- *I+D.*
- *Las finanzas.*
- *El Gobierno.*
- *La gestión empresarial.*

Preguntas de comprensión sobre la competitividad.

Preguntas	Respuestas	
¿Qué propuestas conoce que permiten un mejor funcionamiento de los mercados?	Económicas	Político-sociales
¿Qué definiciones se han dado a través del libro sobre la competitividad? Recuéntelas y haga un análisis.		

LECCIÓN 9

VENTAJA COMERCIAL REVELADA

Los índices de ventaja comercial revelada se asientan sobre los indicadores *ex-post*. Se observa el comercio efectivamente realizado y se infiere a partir de sus resultados netos, la estructura de ventajas y desventajas comerciales.[1] Se recurre a dos índices muy próximos: por un lado, al saldo comercial relativo; y, por otro lado, al índice de contribución al saldo. El primero, se construye como proporción del comercio sectorial; el segundo, como desviación respecto al saldo medio.[2] A partir de dichos datos, se obtiene una imagen del comercio sectorial español, a saber:

- La ventaja comercial se centra sobre sectores tradicionales.
- La desventaja comparativa creciente se sitúa en los sectores más intensivos en tecnología.
- Mejoran su posición las industrias derivadas.
- Mejoran su posición la siderurgia, industrias básicas de metales no férreos, cerámica y vidrio, maquinaria para metales y la industria de automoción.

La taxonomía sectorial distingue seis grupos: alimentación, sectores intensivos en recursos, sectores intensivos en mano de obra, sectores intensivos en economía de escala, sectores intensivos en innovación de producto basado en la ciencia y sectores intensivos en diferenciación de variedades.

---

[1] Según Ricardo la ventaja comercial revelada se debería asentar sobre la explicación de la existencia de costes comparados diferentes entre los países. Sin embargo, dicho estudio encierra dificultades insoslayables.

[2] J. A. Alonso, Comercio exterior. En: *Lecciones de economía española*. (Ed. J. L. García Delgado). Madrid, Editorial Civitas, pp. 511-538.

ESPECIALIZACIÓN COMERCIAL

La situación de la especialización comercial de España se puede reflejar mediante la siguiente tabla:[3]

CUADRO 10

	Mejora posición	*Empeora posición*
Ventajas	Manufactura del papel / Fibras sintéticas/artificiales / Vidrio / Cerámica / Siderurgia / Ind. básica del aluminio / Ind. básica del plomo / Maquinaria para metales / Automóviles y Partes / pieza.	Industrias alimentarias/ Bebidas / Calzado / Piel / Muebles / Edición / Jabones / Refino / Neumáticos / Ind. Básicas del zinc / Construcción naval.
Desventajas	Tabaco y papel / Química orgánica / inorgánica / Desinfectantes / fertilizantes / Resina / material plástico / Pintura / farmacia / Ind. básica del cobre / Generadores no férricos / Generadores no eléctricos y eléctricos / Maquinaria agrícola/ Maquinaria de construcción y precisión / Const. Aeronáuticas/ Óptica / fotografía / relojes.	Textil / Confección / Madera / Maquinaria específica / Aparatos de telecomunicación / Material eléctrico y electrónico / Maquinaria de oficina / Construcción de ferrocarriles / Instrumentos musicales / Otras industrias.

El análisis taxonómico revela la especialización de la industria. Se ha pasado de una industria alimentaria y de actividad intensiva de mano de obra a una economía de escala o la economía que requiere innovación del producto. En la industria actual hay una mayor presencia de factores tecnológicos.

---

[3] Véase: J. A. Alonso (1993): El sector exterior. En: *España, economía* (J. L. García Delgado (Dir.)). Madrid, Espalsa Calpe, p. 422.

COMPETITIVIDAD INTERNACIONAL

L a estructura industrial estará determinada por las PYMES. Desde el punto de vista de I+D, este hecho supone un serio *hándicap* ya que no se realizan inversiones importantes. Esta debilidad estructural debe estar contrarrestada mediante una maximación de las ventajas competitivas que deviene del „nuevo paradigma tecnológico".[4] Las PYMES tienen ventajas allí donde existen sistemas productivos bien estructurados y una organización adecuada que se puede representar, mediante el punto de vista de los mercados, el entorno tecnológico y los sistemas productivos, del siguiente modo:

CUADRO 11

	Tecnologías flexibles: Especialización	*Bienes de equipo rígidos: Estandarización*	
Productos diferenciados	Distritos industriales Marshallianos[5]	Empresas-red y sistemas Jit[6]	*Incertidumbre*
Productos genéricos	Parques y Distritos tecnológicos y de innovación	Industria Fordista[7] de producción de masas	*Previsibilidad*
	Economías de alcance	*Economías de escala*	

Las ventajas de las PYMES en el entorno descrito en el cuadro sólo se pueden llevar a cabo en el contexto de una mejora de los costes de transacción y un fortalecimiento de la cooperación entre empresas es decir, perfeccionamiento de los recursos humanos, I+D, información, difusión tecnológica, comercialización, compras, exportación, servicios, etc.

---

[4] Z. Fernández (1992): Algunas reflexiones sobre la competitividad empresarial y sus causas. *ICE*, n° 705, pp. 145-147.
[5] Hace referencia al economista británico A. Marshall (1842 - 1924).
[6] Las palabras „Jit" significa: *Just in Time.*
[7] Hace referencia a la producción en serie de H. Ford (1863 - 1947).

Ejercicios de comprensión sobre la especialización comercial

Cuestiones	Sí	No
¿Se asientan las desventajas reveladas sobre los indicadores *ex post*?		
¿Es el índice sobre la ventaja comercial revelada muy exacto?		
¿Empeoran la posición en la especialización comercial los automóviles?		
¿Determinan las PYMES la estructura industrial española?		
¿Supone una ventaja para las PYMES la mejora de los costes de transacción?		

Ejercicio de expresión libre. Discutan en clase sobre un país de la Unión Europea acerca de los siguientes aspectos y escriba un comentario:
°   *La ventaja comercial revelada.*
°   *¿Qué especialización comercial se ha generado?*
°   *¿Qué papel juegan las PYMES?*

Preguntas de comprensión sobre la especialización comercial

Preguntas	Respuestas	
¿Cómo se define la ventaja comercial?	Según Ricardo	Según la aproximación
¿Cómo se puede caracterizar la especialización española?		
¿Cuáles son las características más importantes de las empresas-red?		
¿Cuáles son las características más importantes de la industria Fordista?		

Los usos del „se"

El pronombre „*se*" adopta diversas funciones en español.

1°   En frases impersonales; cuando la persona que habla presenta lo que dice como algo con valor universal, que no excluye a nadie.

Ejs.:   *Aquí se da información turística.*
No se sabe quién es el autor. Se piensa que es un pintor de la escuela italiana.
-        *¿Y cómo te sientes en una empresa tan grande?*
-        *Muy bien. Se trabaja con independencia, se gana bien, se hace carrera...*

2°   Añadida a algunos verbos refuerza su significado o introduce un matiz distinto.
ocurrir = *geschehen*   ocurrirse = *einfallen*
olvidar = *vergessen*   olvidarse = *ganz entfallen*

Ejs.:   *Se me ocurre una solución.*
Se me ha olvidado todo.

3°   En oraciones reflexivas tiene el significado de „*a sí mismo*".

Ejs.:   *Los trabajadores se engañan cuando piensan que hay seguridad laboral.*
Este libro se vende mucho.

4°   La forma „*se*" se utiliza también sin valor reflexivo, para indicar el sentido pasivo de la oración.

Ejs.:   *Se prohíbe fumar.*
En Suiza se hablan cuatro lenguas.

Sustituya las expresiones en puntos suspensivos por los verbos „darse a conocer", „activarse", „hallarse", „proponerse", „haberse más que duplicado", „desarrollarse", „emplearse", „fundarse" en el siguiente texto:

LA TERCERA REVOLUCIÓN INDUSTRIAL

Durante las décadas de los años 50, 60 y 70 del siglo actual, los avances científicos y tecnológicos no cesaron en ningún momento de realizarse, aunque naturalmente, la mayor parte de estos progresos ...., a la espera del detonante que presionara al sector productivo para asimilarlos en su práctica. El detonante .... en 1973, a partir del *shock* petrolífero generado por el alza violenta del combustible dispuesta por la OPEP (Organización de los Países Exportadores de Petróleo) que .... bajo el control de los países árabes enfrentados por entonces en guerra contra Israel, apoyado por los Estados Unidos y las potencias europeas a todos los que .... castigar con esta medida, los productores de petróleo.

En 1974, el precio del crudo .... en referencia al que tenía el año anterior. En 1979, la cotización del barril pasó a los 27,4 dólares para alcanzar la cifra récord de 35,2 dólares el año 1980. Dado que la tecnología que .... en el curso de la Segunda Revolución Industrial, y que era la que .... en la década de los 70, ... en el empleo del petróleo barato, un aumento de precios tan grande como el habido en el crudo tenía que originar, como efectivamente originó, una conmoción gigantesca, lo que obligó a las potencias industriales a reorientar toda su tecnología.

LA CORNISA CANTÁBRICA ANTE EL DESARROLLO RURAL

La lógica económica de las leyes del mercado opera sobre el sector agrario generando efectos positivos (incremento de la productividad y la competitividad, modernización, mejora en las condiciones de trabajo...), pero también otros indeseables no sólo en el ámbito rural, sino para la sociedad en su conjunto. La progresiva disminución de la población rural ha alcanzado niveles preocupantes, de forma que ya hay zonas en toda Europa calificables como auténticos desiertos poblacionales, al tiempo que se genera mayor desempleo y marginalidad en el ámbito urbano. Este proceso conlleva desarraigo, pérdida de tradiciones y también algo sobre lo que la sociedad cada vez se muestra más sensible: el deterioro medioambiental donde se abandonan las tierras y se dejan improductivas.

Las funciones del medio rural no pueden ser sólo las tradicionales. A la misión de producir alimentos para todos deben añadirse otras: distribución equilibrada de la población, espacios de ocio o conservación del patrimonio arquitectónico, una cultura tradicional y unas raíces que nadie quiere perder. La cuestión es cómo conseguir que el medio rural mantenga unos niveles poblacionales estables, sin frenar la modernización del sector agrario y su integración en mercados progresivamente más abiertos.

Podemos analizar estos problemas en relación con la zona septentrional de España. La cornisa cantábrica (incluida Galicia) actuando de forma decidida, sería un escenario idóneo para lograr el desarrollo rural. Aunque el peso económico relativo a la producción agraria regional está disminuyendo, la actividad ganadera, agrícola y forestal constituyen el fundamento de su mundo rural.

Por ello, deben seguir teniendo atención los aspectos que afectan a la buena marcha de los subsectores fundamentales de la cornisa. Se trata de una región con grandes dificultades para la diversificación productiva, por su tradicional dedicación al ganado vacuno de producción lechera. Sería preciso asegurar el mantenimiento de las explotaciones familiares con base territorial suficiente, consiguiendo una cuota media de producción por explotación no inferior a 150.000 litros de leche por año.

En segundo lugar, deben considerarse las actividades concernientes a la producción cárnica. Incidir en la fase de engorde del animal estimulando sistemas de explotación extensivos en contraposición a los métodos de producción masivos en cebaderos, permite recuperar la imagen de esta producción por la vía de la producción ecológica de calidad.

Un mayor aprovechamiento del potencial forestal y el aumento de actividades de transformación e industrialización de los productos citados, siempre desde una perspectiva de calidad, sería complemento indispensable a la producción tradicional. Deben plantearse estrategias que atemperen la tendencia al monocultivo de la leche. Fomentar iniciativas de diversificación ligadas a la agricultura, a los servicios turísticos o a la actividad industrial de bajo impacto medioambiental.

Conseguir este objetivo de desarrollo rural requiere servicios educativos, sanitarios y asistenciales dignos. Infraestructuras viarias y de comunicación adecuadas a las actividades rurales. Todo ello configura un escenario estable de población. La conveniencia de abordar actividades relacionadas con la conservación, recuperación y mantenimiento del mundo rural, añade complejidad a esta alternativa.

Conteste a las siguientes cuestiones sobre el texto anterior
¿Cuáles son los efectos positivos y negativos de las leyes del mercado sobre el sector agrario?

....
....
....
....
....

Distinga las funciones del medio rural.

....
....
....

Enumere los tipos de producción agraria que hay en la Cornisa cantábrica y coméntelos de manera sumarial.

....
....
....
....

¿Cómo se puede mantener el mundo rural?

....
....
....
....
....
....

Ejercicio: Comente el texto y haga un análisis de alguna región agrícola de su país desde el punto de vista socio-económico.

LAS ECONOMÍAS POBRES DE LA UNIÓN EUROPEA HAN CRECIDO SIETE PUNTOS *MÁS QUE* LA MEDIA EN 10 AÑOS

Las transferencias financieras a los países menos prósperos no suponen un despilfarro de dinero. *Así* lo confirma el primer balance elaborado por la Comisión Europea sobre la política de reequilibrio territorial dentro de la Unión Europea (UE). Los Fondos Estructurales y de Cohesión han permitido a las economías menos desarrolladas crecer siete puntos *más que* el promedio comunitario. La convergencia real esta vez sí ha funcionado.

El primer balance *que* realiza Bruselas sobre la política de cohesión indica *que* la *renta per cápita*[8] media de los cuatro países de la cohesión (España, Portugal, Irlanda y Grecia) ascendía a 1983 a sólo el 66% de la media comunitaria y permaneció estancado hasta 1986, año de la adhesión de España y Portugal a la Comunidad. Desde entonces, el proceso de convergencia real con el resto de la UE ha sido lento pero regular. En 1993, el promedio de los cuatro se situaba en el 72,7% de los Doce. Y el ritmo se mantuvo aproximadamente igual entre 1993 y 1995, años de aplicación del Fondo de Cohesión, al alcanzar para los cuatro un 75% del promedio europeo.

Ejercicio: Realice un análisis de alguna región de su país que necesite de los Fondos Estructurales y de Cohesión.

---

[8] Se llama *renta per cápita* a la proporción individual que resulta de la división de la Renta Nacional entre el número de habitantes (*Einkommen pro capita*).

¿Qué sabe del ... Uruguay?

Uruguay se distingue del resto de los estados latinoamericanos ya que es uno de los países más pequeños del continente con una superficie de 177.508 Km² que alberga a 3.000.000 de habitantes. El 85% de su población se concentra en las zonas urbanas. La sociedad uruguaya cuenta con una pujante clase media, una elevada calidad de vida, un apreciable nivel cultural y un sistema de seguridad social que ampara a toda la población. Por sus avances sociopolíticos fue considerada la „Suiza de América".

Limita con Brasil al norte y Argentina al Sur. La economía está influenciada por sus vecinos inmediatos. La negociación para entrar en el denominado *Mercosur* se asentó sobre tres razones: el previsible desplazamiento de sus productos en los mercados argentinos y brasileños; el insuficiente desarrollo de su economía que le impide ser competitivo en el mercado mundial; y, la modernización de su planta productiva. La integración obligó a acelerar la conversión industrial, con base en nuevas necesidades de *Mercosur*. Se modernizaron las ramas orientadas a la exportación de las industrias manufactureras.

La conversión industrial en Uruguay se enfrentó a tres problemas: establecer una amplia red de plantas de procesamiento junto a los centros de producción; crear una estructura institucional de I+D; y, fomentar una nueva forma de propiedad y explotación de recursos. La apertura comercial desembocó en un serio desequilibrio comercial. De 1991 a 1994 las ventas externas crecieron 15,2%, al pasar de 1.605 millones a 1.850 millones de dólares. En cambio las importaciones registraron un fuerte crecimiento de 1.544 millones en 1991 a 2.700 millones de dólares en 1994 (lo que supone un 74,8%). La balanza comercial se deterioró de forma alarmante. También el déficit en cuenta corriente se ahondó.

Ejercicios de comprensión sobre Uruguay.

Cuestiones	Sí	No
¿Es Uruguay uno de los países más grandes de América Latina?		
¿Tiene más de treinta millones de habitantes?		
¿Entró en el Mercosur por razones de competitividad?		
¿Creció la exportación en los primeros años de los noventa?		
¿Se está creando una estructura institucional de I+D?		

Preguntas de comprensión sobre Uruguay.

Preguntas	Respuestas	
¿Qué exporta /importa Uruguay?	Exportación	Importación
¿En qué ámbito se ha especializado comercialmente?		
¿Cómo es la calidad de vida de los países integrantes del Mercosur?		

LECCIÓN 10

EL TRABAJO CIENTÍFICO

Nos proponemos desarrollar en estas páginas determinados instrumentos con los que puede trabajar el estudiante y cualquier especialista. Perseguimos dos fines: primero, realizar un trabajo de investigación en circunstancias difíciles, causadas por la falta de documentación novedosa como ocurre en el extranjero;[1] segundo, aprovechar la ocasión de la elaboración de un trabajo para desarrollar el sentido positivo y progresivo de una investigación. Dicho proceso se debe entender como elaboración crítica de una experiencia, como adquisición de una capacidad lingüística, como una puesta en práctica de los conocimientos de fondo que se han adquirido en su lengua materna, para localizar los problemas y para exponerlos siguiendo determinadas técnicas de comunicación. Todas estas razones no son excluyentes y ayudan al estudiante, sin lugar a dudas, a afianzar sus propios conocimientos.

¿Para qué sirve un trabajo de investigación?

Un trabajo de investigación es un documento mecanografiado de una extensión media que varía entre las diez y las treinta páginas, en el cual se trata un problema referente a los estudios que está desarrollando en sus clases prácticas (seminarios) y teniendo en cuenta el conocimiento de fondo que se elabora sistemáticamente en las clases teóricas (lecciones). El trabajo es indispensable en múltiples seminarios para poder aprobar una clase práctica. En dicho trabajo se trata, precisamente, de una presentación *original*

---

[1] En particular, la falta de documentación sobre España o los países latinoamericanos en Europa es una constante.

por lo que hay que conocer lo que han dicho sobre el tema los especialistas y, sobre todo, es preciso *descubrir* algo que los demás no hayan tenido en cuenta todavía.

Hay dos modos de hacer un trabajo para que sirva también después en el estudio. El primero, consiste en hacer un trabajo que tenga que ver con un área de interés personal que se seguirá abordando en los años sucesivos. Pero, hay un segundo, en virtud del cual el futuro comerciante, director gerente o técnico comercial se verá ayudado en su profesión. Hacer un trabajo significa: (i) localizar un tema concreto; (ii) documentarse al respecto; (iii) poner en orden dicha documentación; (iv) volver a examinar el tema partiendo de cero a la luz de la documentación; (v) dar una forma orgánica a todo el proceso anterior; (vi) hacer una presentación comprensible para cualquiera que la lea. Escribir un trabajo significa aprender a poner orden en las propias experiencias y a ordenar los datos que se disponen. Las cuatro reglas que deben seguir los estudiantes son las siguientes:

1° Que el tema corresponda a los intereses del estudiante (es importante que un estudiante de empresariales trabaje, por ejemplo, sobre „control de calidad" y no sobre temas de otro ámbito de trabajo);

2° que las fuentes a que se recurra sean asequibles, es decir, al alcance físico del redactor (que el estudiante no quiera estudiar los indicadores económicos de Cuba del mismo mes en que redacta el trabajo);

3° que las fuentes a que se recurra sean manejables, es decir, al alcance cultural del redactor (que no pretenda conocer la legislación como un jurista);

4° que el cuadro metodológico de la investigación esté al alcance de la experiencia del estudiante (que el estudiante haga estudios de casos de acuerdo con sus intereses personales).

La elección del área de investigación

La primera tentación de cualquier estudiante es hacer un trabajo que hable de cuestiones muy actuales. Es corriente comprobar que el estudiante que estudia economía de empresa pide realizar un trabajo sobre „Los indios", „La ultraderecha en España", „La impresión de Cuba en mi último viaje", „El SIDA", etc. Su primer impulso, cuando se estudia economía en una lengua extranjera, es tratar temas que no tienen nada que ver con sus intereses profesionales. Estos trabajos son muy peligrosos. Se tratan de temas que sacan al propio estudiante de su ámbito de estudio y se mueve en tierras movedizas. Por lo general, los motivos que tiene del asunto a tratar no son puramente profesionales y, por lo tanto, confunde sus apreciaciones subjetivas con los problemas centrales de dicha temática.

Esto no quiere decir que temas como los indios en Sudamérica o la situación de Cuba no tenga un interés económico. Pero, por lo general, los estudiantes que tratan dichos temas no recurren a métodos de trabajo estrictamente científicos sino que presentan muchos prejuicios que han ido adquiriendo a lo largo de su vida.

Siendo necesario restringir el tema optará por „Arte y Marketing", „La Unión Europea", „El conflicto pesquero" ... Para un estudiante veinteañero estos temas tan amplios se consideran como un desafío inviable. ¿Para qué sirven dichos trabajos para su especialidad futura? ¿cómo aprenderá el estudiante a usar la terminología del idioma que estudia? ¿dónde podrá practicar posteriormente? Un trabajo demasiado amplio constituye siempre un acto de soberbia y un esfuerzo innecesario. Un último reto antes de adentrarse en la especialidad. Ahora bien, el principio fundamental de todo trabajo debe ser el siguiente: cuanto más restringido el campo, mejor se trabaja y el estudiante gana en seguridad y competencia lingüística.

El acceso a las fuentes

Un trabajo estudia un problema valiéndose de determinados instrumentos. La mayoría de las veces dicho trabajo tiene que ver con una serie de publicaciones que han sido elaboradas con antelación. Su objeto es un problema que ha sido abordado en una monografía o en algún artículo determinado. El objeto debe ser contrastado con datos estadísticos, documentación, boletines, encuestas, entrevistas, etc. Dentro de los límites fijados por el objeto de trabajo, las fuentes deben ser siempre de primera mano y deben limitarse a un ámbito verificable y deben estar al alcance de todos los que lean el trabajo que se expone.

La investigación bibliográfica

Quien tenga una idea exacta de su tema, puede trabajar o bien con manuales, o bien consultar los repertorios bibliográficos que permiten la puesta al día de las publicaciones que salen al mercado.[2] El trabajo en una buena biblioteca y un bibliotecario comprometido con su trabajo son un requisito inexcusable.

Actualmente, las consultas entre bibliotecas, el catálogo informatizado y el préstamo de otras bibliotecas con la única solución viable ya que estas instituciones cada vez se especializan más en un ámbito territorial determinado.

---

[2] Véase en este mismo documento, en el apéndice las obras de consulta.

Es necesario también repasar los centros de documentación que existen en otras bibliotecas.[3] La referencia bibliográfica debe ser exacta. Debe señalar sin equívocos (i) el nombre y apellido(s) del autor, (ii) el título del libro (en cursiva) y el artículo (a veces, entrecomillado), (iii) quién edita; (iv) el lugar (ciudad) de la publicación y edición, (v) el año de edición del libro, o fecha, número y volumen de la revista; (vi) el número de páginas o páginas de referencia.[4] Presentamos las siguientes como ejemplos de las diferentes modalidades que existen:

Esther Gordo y Pilar L'Hotellerie, *La competitividad de la industria en una perspectiva macroeconómica.* Madrid, Banco de España, 1993.

Joan Trullen i Thomas (1993): *Fundamentos económicos de la transición política española. La política económica de los Acuerdos de la Moncloa.* Madrid, Ministerio de Trabajo y Seguridad Social.

También se restringe la editorial cuando es evidente que sólo existe una.

---

[3] El más conocido en España es el que se elabora en el: *Índice Español de Ciencias Sociales. Serie B: Economía, Sociología, Ciencias Políticas, y Urbanismo.* Madrid, C.S.I.C. También se puede manejar el directorio de la Biblioteca de Madrid *vía* internet.

[4] La bibliografía ha de seguir las normas de la UNESCO como ya dijimos en las páginas anteriores.

Las referencias de las revistas deben seguir el mismo esquema. Presentamos el siguiente ejemplo:

J. Barea Tejeiro (1982): „El déficit público", *Papeles de Economía Española,* 10, 38-60.

Cuando son varios los autores citamos mediante las siglas: „VV.AA." y la edición al cuidado de alguien, se cita del siguiente modo:

José Luís García Delgado (Dir.), *Economía española de la transición y la democracia 1973-1986.* Madrid, Centro de Investigaciones Sociológicas, 1990.

VV.AA., *Economía española de la transición y la democracia 1973-1986.* Madrid, Centro de Investigaciones Sociológicas, 1990.

Las citas deben ser cuidadosas y acertadas para que el que lee el trabajo pueda buscar adecuadamente dicha referencia.

El plan de trabajo

Para empezar el trabajo se debe escribir el título, la introducción o resumen y el índice de los temas que se van a elaborar. Dicho índice se irá reestructurando a lo largo del trabajo pero sirve como indicador. El plan de trabajo consiste en hacer una elección, respetar un orden lógico del tema elaborado, matizar el tema. Lo más difícil es mantener el orden lógico que da valor al plan de trabajo.

La redacción

Hemos indicado la dificultad de establecer un orden y que se ajuste a las reglas lingüísticas. Hay que redactar bien, y aprender a escribir mejor y, por lo tanto, hablar mejor. Pero, ¿en qué consiste redactar mejor? Consiste en presentar aspectos distintos según el tema tratado. Con este fin, se ha de tener un conocimiento del tema, definiendo toda la extensión de los términos, explicando los problemas clave, etcétera.

¿A quién se escribe y cómo?

El trabajo debe estar escrito para que sea leído por un ponente pero, en realidad, se supone que será leído por un amplio grupo de personas, incluso por lectores no versados directamente en dicho tema que ha sido abordado. Por esta razón, se deben definir los términos que se utilizan si vienen a ser usados como categorías claves de nuestra propuesta.

La escritura del trabajo ha de ser comprensible evitando giros innecesarios o literarios. Por esta razón, es conveniente tener presente que el desarrollo de un trabajo se lleve a cabo mediante varias redacciones. La primera es un „borrador" en la que se escriben todas las ideas que pasan por la cabeza. Sigue un período de elaboración en el que se perfecciona la redacción, ordenando las propuestas más interesantes y desechando las menos adecuadas. Finalmente, se presenta ante un auditorio restringido y se perfecciona, antes de ser analizada estilísticamente.

Las citas

Por lo general, en los trabajos se citan algunos pasajes importantes que, o bien se asienta la propuesta, o bien se va a rebatir. Los fragmentos objeto de análisis interpretativo han de ser citados con una amplitud razonable. A cada cita deben figurar claramente reconocibles el autor y la fuente impresa o manuscrita, si bien esta localización admite varios modos. Cuando una cita no supera las dos o tres líneas se puede insertar dentro del párrafo entre comillas. Las citas deben ser exactas ya que suponen algo así como aportar testigos a un juicio.

Las notas a pie de página

Existen diferentes funciones de las notas que se pueden expresar del siguiente modo: (i) para indicar el origen de las citas; (ii) para indicar notas bibliográficas de refuerzo; (iii) como referencias externas o internas. Todas estas formas son tan lícitas que depende de cada autor la que elige para su fin.

Para citar se usan múltiples formas por lo que proponemos las siguientes:

Esther Gordo y Pilar L'Hotellerie, 1993, p.7.

Joan Trullen i Thomas (1993), 23.

Ó también se pueden usar las siguientes formas:

J. Barea Tejeiro (1982), pp. 38-60.

José Luís García Delgado (Dir.), 1990, 35-37.

VV.AA., 1990, 33.

Sea como fuere, cuando se elija una manera de citar al pié de página o en el texto, ésta ha de escribirse en todo el trabajo.

La redacción final y los criterios gráficos

El trabajo debe ser presentado sin faltas de *ortografía* y con una cuidada *redacción*. La competencia lingüística de un autor no está reñida con la pulcritud y en la mayoría de los casos depende de ambos criterios.

Es importante que se tenga en cuenta en la redacción final una serie de elementos formales que son de cierta importancia como los márgenes y espacios, los subrayados, cursivas y las mayúsculas. Tener una atención especial a los parágrafos. Es menester tener en cuenta los signos y las comillas, los signos diacríticos y las transliteraciones. Poner un cuidado importante en la puntuación, acentos y abreviaturas.

La bibliografía final

La bibliografía final debe de estar cuidadosamente presentada y ser lo más completa posible. No debe contener errores y se debe adaptar a alguna modalidad de referencia antes descrita.

Los apéndices

Al final del trabajo es recomendable que aparezcan apéndices en los que se recojan los datos más importantes que han sido tratados en el texto. En los apéndices aparecen, por lo general, los índices de los cuadros, las figuras, las tablas y de los gráficos que se han usado durante la redacción del trabajo. Es importante presentar un título claro y conciso. A veces, se presenta el origen de la información en dichos apéndices mediante el uso de las notas a pié de página.

Las figuras se emplean para presentar modelos teóricos o metodológicos y concretar un conjunto de datos que la tabla presenta detalladamente. El uso de las gráficas reduce el trabajo de comprensión de una tabla.

La conclusión

Lo importante es hacer el trabajo con gusto e intentar sacar el „mayor jugo" posible. Un trabajo que no interesa no puede ser un trabajo que sirva para nada. Desarrollar un trabajo es como una preparación deportiva. Se entrena mucho tiempo y hay mucho esfuerzo, pero lo importante, después de todo, no es sólo haber ganado sino el haber puesto en condición el cuerpo. Un trabajo es como un cuerpo en condiciones que debe ser preparado con un cierto tiempo.

APÉNDICE
BIBLIOGRAFÍA

I. Obras de consulta Internacionales

Cambridge Econometrics (1991), *European Regional Prospects. Analysis and forecasts to the Year 1995 for European Cities and Regions.* Cambridge (UK).

Commision of the EC (1986 ss.), *Eurobarometer*, Bruselas. Commision of the EC (1992 ss.), *Annual Economic Report,* Luxemburgo.

OCDE, *Economic Outlook,* París.

OCDE (1987), *National Accounts 1960-1986.* París.

OCDE (1988), *L'enseignement dans les pays de l'OCDE,* París. OCDE, *Working Papers.*

OECD (1989), *Economic Surveys. Spain, 1990-1991,* OECD, París.

Comisión de las Comunidades Europeas, *European Economy,* Bruselas.

The Economist Publications (1989), *European Financial Centres:* Spain, Londres.

II. Obras de consulta españolas

Boletín Económico del Banco de España. Madrid, Banco de España.

Boletín Económico de Información Comercial Española, Madrid.

CIDOB, *Anuario Internacional,* Barcelona.

CIS (1985), *Encuesta sobre las condiciones de vida de los españoles,* Madrid.

CIS (1984 ss.), *Banco de datos,* Madrid.

Contabilidad Nacional de España, Elaborado por el INE: Madrid.

Coyuntura Económica (Madrid, 1977 ss.).

Documento de Trabajo, Centro de Estudios Monetarios y Financieros. Madrid.

Estudios Económicos, Madrid.

Documenta, Cátedra, Fundación BBV, Madrid/Bilbao.

Documenta, Estudios Bancarios, Fundación BBV, Madrid/Bilbao.

Documenta, Investigación, Fundación BBV, Madrid/Bilbao.

Índice Español de Ciencias Sociales. Serie B: Economía, Sociología, Ciencias Políticas, y Urbanismo. C.S.I.C., Madrid.

OCDE (1978), *España. Junio 1978.* Estudios Económicos, Ministerio de Economía. Madrid.

III.   Revistas y publicaciones periódicas

CIS, *Revista Española de Investigaciones sociológicas.* Madrid.

Comercio Exterior (México D.F.).

Estudios Turísticos, MOPT, Madrid.

Harvard-Deusto Business Review. Deusto.

Información Comercial Española, Secretaría de Estado de Comercio, Madrid.

Informe Mensual, Servicio de Estudios „La Caixa", Barcelona.

Investigaciones Económicas, Madrid.

Mercado Financiero, Madrid.

Moneda y Crédito, Madrid.

Papeles de Economía Española, Fundación FIES, CECA, Madrid.

Mercado de Valores, Nacional Financiera, México D.F.

Moneda y Crédito, Madrid.

Presupuesto y Gasto Público, Ministerio de Economía y Hacienda, Madrid.

Revista de Estudios Internacionales, Madrid.

Revista del Instituto de Estudios Económicos, Madrid.

Revista Española de Financiación y Contabilidad, Madrid.
Sistema. Revista de Ciencias Sociales, Madrid.

IV. Información estadística

Contabilidad Nacional de España, Madrid.
Cámaras de Comercio e Industria, (Varias Provincias).
Comunidades Autónomas, (Varias Autonomías).
Estadísticas del Comercio Exterior, Madrid.
Instituto de la Juventud (1985), *Informe de la juventud en España,* Madrid.
Instituto de la Mujer (1992), *La mujer en cifras,* Madrid.
Instituto Nacional de Estadística (1983), *Contabilidad Nacional de España 1970-80,* Madrid.
Ministerio de Cultura (1990), *Encuesta de equipamiento, prácticas y consumo culturales,* Madrid.

V. Diccionarios de economía

Lozano Irueste, José María (1994): *Breve diccionario de economía.* Madrid, Ediciones Pirámide.
Mirillas, Javier (1993): *Diccionario manual de economía.* Madrid, Biblioteca Universitaria.
Terceiro, José B. (1974): *Diccionario de economía. Teoría y aplicación a España.* Bilbao, Zero.
Seldon, Arthur y Pennance, F. G. (1987): *Diccionario de economía. Una exposición alfabética de conceptos económicos y su aplicación.* 2 vol. Barcelona, Ediciones Orbis.
Schnizer, Johannes y Martí, Jordi (1996): *Wirtschaftsspanisch. Terminologisches Handbuch.* R. Múnich-Viena, Oldenbourg.
VV.AA. (1995): *Glosario de términos económicos.* Lima, Banco central de la reserva del Perú.

VI. Bibliografía seleccionada

Andreu, José Miguel (1991): *Teoría económica superior (Macroeconomía)*. Madrid, UNED.

Arasa Medina, Carmen (1994): *Lecciones de política económica*. Madrid, Dykinson.

Arasa, Carmen y Andreu, José Miguel (1996): *Economía del desarrollo*. Madrid, Dykinson.

Corona, J. F. (comp.) (1994): *Lecturas de hacienda pública*. Madrid, Minerva.

Doblado, J. M. y Nieto-Ostolaga (1993): *Estadística teórica y estadística empresarial*. Madrid, UNED.

Drèze, Jaques (1993): *El problema del desempleo en Europa*. Bilbao/Madrid, Fundación BBV.

Etxezarreta, Miren (coord.) (1991): *La reestructuración del capitalismo en España, 1970-1990*. Barcelona, ICARIA.

Gallo, M. A. (1995): *Empresa familiar. Textos y casos*. Barcelona, Editorial Praxis.

García Delgado, José Luis (Dir.) (1990): *Economía española de la transición y la democracia 1973-1986*. Madrid, Centro de Investigaciones Sociológicas.

García Delgado, José Luis (Dir.) (1993): *España, economía*. Madrid, Espasa Calpe.

García Delgado J. L. *et allii* (1995): *Lecciones de economía española*. Madrid, Editorial Cívitas.

Gordo, Esther y L'Hotellerie, Pilar (1993): *La competitividad de la industria en una perspectiva macroeconómica*. Madrid, Banco de España.

Granger, Clive W. J. (1993): *Predicción de las cotizaciones bursátiles*. Bilbao/Madrid, Fundación BBV.

Hernández, Valentin Edo y Utrilla de la Hoz, Alfonso (1993): *El sector público y sus futuros gestores: evaluación de una encuesta*. Bilbao/Madrid, Fundación BBV.

Meneu, Vicente y Jordá, María Paz (1994): *Operaciones financieras en el mercado español.* Barcelona, Ariel.

Mora Villarrubia, Ricardo (1993): *The Effect on the Spanish GDP and Unemployment Rate.* Madrid, CEMFI.

Nadal, Jordi; Carreras, Albert y Sudrià, Carles (1991: *La economía española en el siglo XX. Una perspectiva histórica.* Barcelona, Ariel.

Requeijo, J. (1995): *Economía mundial. Un análisis entre dos siglos.* Madrid, McGraw-Hill.

Schifko, Peter (1994): *Lenguaje económico. Elementos de economía general.* Viena, Service Fachverlag.

Sebastián, Miguel (1991): *Un análisis estructural de las exportaciones españolas: evaluación del período 1989-91 y perspectivas a medio plazo.* Madrid, Banco de España.

Segura, Julio (1996): *Análisis microeconómico.* Madrid, Alianza.

Segura, Julio *et alii* (1989): *La industria española en la crisis 1978/1984.* Madrid, Alianza Editorial.

Trullen i Thomas, Joan (1993): *Fundamentos económicos de la transición política española. La política económica de los Acuerdos de la Moncloa.* Madrid, Ministerio de Trabajo y Seguridad Social.

Oxley, Hodward (1993): *El sector público en los 80 y experimentos de política pública para los 90.* Bilbao/Madrid, Fundación BBV.

Velarde, Juan; García Delgado, J.L. y Padreno, Andrés (Eds.) (1990): *La industria española. Recuperación, estructura y mercado de trabajo.* Madrid, Economistas Libros.

Viñals, José (ed.) (1992): *La economía española ante el Mercado Único europeo. Las claves del proceso de integración.* Madrid, Alianza Editorial

DIRECCIONES DE INTERNET

Datos económicos

http://www.bolsaweb.com/datecon40.html
http://www.uam.es/estructura/departamentos/Economicas/Econ.aplicada/

Recursos

http://www.servicom.es/iturnet/iturnet/direc/direcwww/espana.htm
http://www.mty.itesm.mx/
http://www.uba.ar/internet.html
http://www.nafta.net/tlcan/

Trabajo

http://www.inem.es/
http://www.mcx.es/pyme/

Banca

http://lacaixa.datalab.es/
http://www.bbv.es/
http://www.bch.es/
http://www.argentaria.es/
http://www.banesto.es/

Bolsa

http://www.bolsaweb.com/

Otros servidores de interés: Periódicos

http://negocios.com/
http://www.abc.es/
http://www.el-mundo.es/
http://www.elpais.es/
http://www3.vanguardia.es/

SIGLAS Y ABREVIATURAS

Adex	Asociación de Exportadores
AEB	Asociación Española de la Banca Privada
AIF	Asociación Internacional de Fomento
ALADI	Asociación latinoamericana de integración
Altex	Empresa altamente exportadora
ANABA	Asociación Nacional de Bibliotecarios, Archiveros y Arqueólogos
Ave	Tren de alta Velocidad
ASEAN	Asociación de Naciones del Sudeste Asiático
Banesto	Banco Español de Crédito
BBV	Banco Bilbao-Vizcaya
BCH	Banco Central-Hispano
BCIE	Banco Centroamericano de Integración Económica
BCRP	Banco Central de Reserva del Perú
b/d	Barriles diarios
BID	Banco Interamericano de Desarrollo
BIRF	Banco Internacional para la Reconstrucción y el Fomento. Véase: BM
BV	Bolsa de Valores
BM	Banco Mundial
BOE	Boletín Oficial del Estado
CA	Comunidad Autónoma.Véase: CC.AA.
Caricom	Comunidad del Caribe
CC.AA.	Comunidades Autónomas
CC.OO.	Comisiones Obreras
CCI	Cámara de Comercio e Industria
CE	Comunidad Europea. Véase: UE
CECA	Confederación Española de Cajas de Ahorro
CEIM	Confederación Empresarial Independiente de Madrid
CEMLA	Centro de Estudios Monetarios Latinoamericanos

CEOE	Confederación Española de Organizaciones Empresariales
CEPAL	Comisión Económica para América Latina y el Caribe
CEPYME	Confederación Española de la Pequeña y Mediana Empresa
CFI	Corporación Financiera Internacional
CIS	Centro de Investigaciones Sociológicas
Conacy	Consejo Nacional de Ciencia y Tecnología
CSIC	Consejo Superior de Investigaciones Científicas
CTM	Confederación de trabajadores de México
ECOFIN	Consejo de Ministros de Economía y Finanzas de la UE
ECU	Unidad de Cuenta Europea
EEE	Espacio Económico Europeo
EE.UU.	Estados Unidos de América
EFTA	Asociación Europea de Libre Comercio (AELC)
EPA	Encuesta sobre la Población Activa
FAO	Organización de las Naciones Unidas para la Agricultura y la Alimentación
Fonavi	Fondo Nacional de Vivienda
FMI	Fondo Monetario Internacional
GATT	Acuerdo General sobre Aranceles Aduaneros y Comercio
Gran	Grupo Andino
Geplacea	Grupo de Países Latinoamericanos y del Caribe Exportadores de Azúcar
G-7	Grupo de los siete
IGB	Índice General Bursátil
IGV	Impuesto General a las Ventas
ILAFA	Instituto Latinoamericano del Fierro y el Acero
INE	Instituto Nacional de Estadística
INEM	Instituto Nacional de Empleo

INI	Instituto Nacional de Industria
INPC	Índice nacional de precios al consumidor
INPP	Índice nacional de precios del productor
Intal	Instituto para la Integración de América Latina
IPC	Índice de Precios al Consumo
IRPF	Impuesto sobre la Renta de las Personas Físicas
ISR	Impuesto sobre la renta
IU	Izquieda Unida
IVA	Impuesto sobre el valor añadido o al valor agregado
LIBOR	Tasa interbancaria de Londres
MCCA	Mercado Común Centroamericano
Mercosur	Mercado Común del Sur
Nafin	Nacional Financiera, S. N. C.
Nafta	Véase: TLCAN
NGO	*Non-Governamental Organization.* Véase: ONG
OCDE	Organización para la Cooperación y el Desarrollo Económico
OECD	Véase: OCDE
OEA	Organización de los Estados Americanos
OIT	Organización Internacional del Trabajo
OLADE	Organización Latinoamericana de la Energía
OMC	Organización Mundial del Comercio
OMPI	Organización Mundial de la Propiedad Intelectual
ONG	Organizaciones no gubernamentales
ONU	Organización de las Naciones Unidas
ONUDI	Organización de las Naciones Unidas para el Desarrollo Industrial
OPA	Oferta Pública de Adquisición
OPEP	Organización de Países exportadores de Petróleo
OPV	Oferta Pública de Venta
OTAN	Organización del Tratado del Atlántico Norte (NATO)

PA	Población económicamente Activa
PAC	Política Agrícola Común
PDVSA	Petróleos de Venezuela, S.A.
PEA	Población económicamente activa
Pemex	Petróleos Mexicanos
PIB	Producto Interno Bruto. También: Producto Bruto Interno (PBI)
PNB	Producto Nacional Bruto
PNN	Producto Nacional Neto
PNUD	Programa de las Naciones Unidas para el Desarrollo
PYME	Pequeña y Mediana Empresa
pymes	Véase: PYME
RENFE	Red Nacional de Ferrocarriles Españoles
SELA	Sistema Económico Latinoamericano
SIECA	Secretaría de Integración Económica Centroamericana
SME	Sistema Monetario Europeo
TA	Tasa de Actividad
Telefonica	Teléfonos de España
Telmex	Teléfonos de México
TLC	Véase: TLCAN
TLCAN	Tratado de Libre Comercio de América del Norte
UE	Unión Europea
UEM	Véase: UME
UGT	Unión General de Trabajadores
UME	Unidad Menetaria Europea (Euro)
UNCTAD	Conferencia de las Naciones Unidas sobre Comercio y Desarrollo
UNESCO	Organización de las Naciones Unidas para la Educación, la Ciencia y la Cultura
UNICEF	Fondo de las Naciones Unidas de Ayuda a la Infancia

ABREVIATURAS E *INCOTERMS*

a/c.	a cuenta
a cgo.	a cargo
acr.	Acreedor
atte.	Atentamente
Av.,Avda.	Avenida
Bco.	Banco
c., C., C/	Calle
c/c	cuenta corriente
C.C.	Código Civil
CFR (C&F)	(*Cost and freight*) Coste y flete
Cía.	Compañía
Cía. Ltda.	Compañía Limitada
CIF	(*Cost, Insurance and Freight*) Véase: CSF
CIP	(*Freight or carriage and insurance paid to ...*) Flete o porte y seguro pagados hasta ...
C.P.	Código Penal
CSF	Costo, seguro y flete
C.V.	Currículum Vitae
Ch/	Cheque
dto	descuento
D / D^a	Don, Doña
DAF	(*Delivered at frontier*) Entregado en frontera
DCP	(*Freight or carriage paid to ...*) Flete o porte pagados hasta ...
DDP	(*Delivered duty paid*) Entregados derechos pagados
DEG	Derechos especiales de giro
EXS	(*Ex ship*) Sobre buque
EXQ	(*Ex Quay*) Sobre muelle
EXW	(*Ex works*) Ex fábrica
FAS	(*Free Alongside Ship*) Libre al costado del barco
fca.	fábrica

fdo.	Firmado
FOA	(*FOB airport*) FOB Aeropuerto
FOB	(*Free on Board*) Franco a bordo
FOR/FOT	(*Free on rail / Free on truck*) Franco sobre vagón
FRC	(*Free carrier*) Franco transportista
g/	giro
Hno./Hnos.	Hermano(s)
incl.	Incluido
ints. y dtos.	Intereses y descuentos
L/	letra de cambio
Ltda.	Sociedad Limitada
LAB	Libre a bordo
N.I.F.	Número de Identificación Fiscal
p.a.	por autorización
p.c.	per cápita
P.D.	posdata
p.p.	por poder
Ptas	Pesetas
Ref.	Referencia
rte.	remitente
S.A.	Sociedad Anónima
S. en C.	Sociedad en Comandita
S.L.	Sociedad Limitada
S.R.L.	Sociedad de Responsabilidad Limitada
Sres.	Señores
tel.	Teléfono
tm	tonelada métrica
Ud./Vd.	Usted
V°B°	visto bueno
VV.AA.	varios autores
v.	véase

ABREVIATURAS GRAMATICALES

adj.	adjetivo
adv.	adverbio
afirm.	afirmativo / afirmación
amer.	americanismo
angl.	anglicismo
art.	artículo
cond.	condicional
conj.	conjunción
dat.	dativo
etc.	etcétera
ej.	ejemplo
exp.	expresión
f.	femenino
int.	interrogativo
m.	masculino
neg.	negativo / negación
p. ej.	por ejemplo
pers.	personal
pl.	plural
pos.	posesivo
prep.	preposición
pron.	pronombre
rel.	relativo
s.	sustantivo
sing.	singular
v.	verbo

ÍNDICE DE CUADROS Y GRÁFICOS

SOLUCIONARIO

En el solucionario sólo se presentarán aquellos ejercicios que han de ser trabajados en el propio libro. Todos los ejercicios de libre configuración, es decir los ejercicios de expresión libre, los comentarios y ciertas preguntas de comprensión deberán ser corregidos o bien en clase, o bien por el docente.

LECCIÓN 1

Los beepers en el mundo

La industria de los buscapersonas se inició en 1950, siendo los primeros *beepers* aquellos de voz y tono. Éstos fueron desplazados por los numéricos, en los que se veía el número telefónico al que el portador debía comunicarse; y finalmente los alfa numéricos, donde aparecen mensajes con números y letras

La capacidad de memoria de los *beepers* alfa numéricos no depende del aparato en sí. La memoria minima consta de casi 200 caracteres y hay algunos donde se puede transmitir pequeñas cartas.

Hasta el año pasado existían aproximadamente 70 millones de usuarios en el mundo y se cree que en el 2000 se incrementarán a alrededor de 200 millones.

A 1994, los países con más penetración eran Singapur, con cerca de 30%; Hong Kong, con casi 20%; Corea del Sur, con 13%; Taiwan, con 11%; y Estados Unidos con 10%.

El uso de *beepers* a nivel latinoamericano se ha incrementado de 0.08% en 1991 a 0.4% en 1995, y sólo entre 1994 y 1995 se registró un crecimiento del 70%. Brasil, seguido por México, Puerto Rico y Colombia, es uno de los países con más colocaciones. El Perú registraba entonces una penetración de algo más de 0.1%.

Ejercicios de comprensión acerca del texto sobre el territorio y la economía.

Cuestiones	Sí	No
¿Una orografía compleja estimula la actividad económica?		X
¿Es España un país donde predomina la costa?		X
¿Tiene España sólo un clima mediterráneo?		X
¿Está la economía vinculada a la geografía?	X	
¿Ha limitado la ubicación geográfica la actividad turística?	X	

Preguntas	Respuestas
¿Qué es la „EPA"?	Encuesta de Población Activa.
¿Qué es la „PA"?	Población Económicamente Activa.
¿Cómo se subdivide la „PA"?	Activos, inactivos y población que realiza el servicio militar o civil.
¿Establezca la diferencia entre „activos" e „inactivos"?	Se consideran „activos" a los ocupados y parados e „inactivos" a todos los que no tienen intención de trabajar.
¿Cómo se define la „TA"?	TA = PA / P$_{\geq 16}$.

Ejercios de comprensión

Cuestiones	Sí	No
¿Disminuye la educación la productividad?		X
¿Influyen los salarios en la inversión empresarial?	X	
¿Está influenciada la inversión por las expectativas?	X	
¿Funciona la educación como un filtro discriminante?	X	

Preguntas de comprensión sobre capital humano e inversión:

Preguntas	Respuestas
¿Qué se entiende por „capital humano"?	Agente económico poseedor de determinada capacidad de trabajo que pone al servicio de uno o más empresarios.
¿Qué diferencia encuentra entre las inversiones liquidas	Las inversiones en capital humano se reciben a largo plazo, es decir a lo largo de la vida activa del agente inversor; mientras que con las inversiones

y el capital humano?	líquidas se pueden conseguir beneficios a corto plazo.	
¿La educación ha de ser pública o privada? (pros y contras)	Pros Elimina discriminaciones, costo asequible, etc.	Contra Forma élites, costos inalcanzables para una parte de la población, etc.
¿Considera el „sector educación" un sector productivo?	Sí, ... [argumente, por favor]	
¿Qué se entiende por inversión?	Flujo de producción orientado a incrementar el capital fijo de la sociedad o el volumen de existencias.	

Marque las respuestas correctas en el siguiente cuestionario:

Cuestiones	Sí	No
¿Se mide la plata en kilos?		X
¿Aumentó el consumo de la plata en los últimos años?	X	
¿Ascenderá la demanda de plata?	X	
¿Se revelan más películas?	X	
¿Ha aumentado el precio de la plata?		X
¿Demandan los consumidores más plata?	X	
¿Se incrementa ¼ de las ventas entre los años de 1.994 y 1.995?		X
¿Se prevé un alza del 38% en el consumo de plata?		X
¿Decreció el requerimiento de la plata en 1.995 un 2.9% con respecto al año anterior?	X	

LECCIÓN 2

Ponga los acentos en las siguientes frases:
El trabajo que realizó él me gusta más que el mío.
El análisis bursátil era muy difícil.
¿Qué piensa del índice de producción?
Juan quedó solo ante el director.
¿Cómo está la inflación en Japón?

Ejercicios de comprensión acerca del empresariado y los sindicatos.

Cuestiones	Sí	No
¿Las iniciativas empresariales desean sólo conseguir beneficios?	X	
¿Se consiguen mejores beneficios con iniciativas ajenas?		X
¿Está muy protegido el entorno después de la entrada en la Unión Europea?		X
¿Supone la democratización menor competitividad?		X
¿Se asientan los acuerdos entre Patronal y Sindicatos sobre la cultura de la concertación?		X

Preguntas de comprensión sobre la patronal y los sindicatos.

Preguntas	Respuestas
¿Qué es la CEOE?	Confederación Española de Organizaciones Empresariales
¿Qué significa UGT y CC.OO.?	Unión General de Trabajadores Comisiones Obreras
¿Qué fines persiguen las Confederaciones empresariales?	Representación sectorial y territorial de los empresarios
¿Qué finalidad tienen los sindicatos?	Organizaciones de trabajadores con el objetivo de representar a los trabajadores en los conflictos, controversias y reclamos de naturaleza colectiva y celebrar convenios de trabajo.
¿Qué se entiende por „pacto"?	Acuerdo firmado entre empresarios y sindicatos.

Ejercicio: Ponga los acentos en el siguiente texto:

LA CONSERVACIÓN MODERNA DE LAS VÍAS

El año 1950 comenzó la mecanización de la conservación vial. El ferrocarril ha avanzado de manera significativa como medio de transporte moderno y altamente competitivo. Las altas velocidades, una creciente densidad del tráfico ferroviario y mayores cargas por eje representan nuevos retos para la tecnología de conservación de vías.

La fabricación de máquinas debe tener en cuenta algunos criterios como la aplicación de nuevos conocimientos científicos, consideración de avanzados métodos de producción que garanticen un alto nivel técnico y una fabricación económica, mayor velocidad de trabajo y consideración de aspectos ergonómicos. De estas y otras consideraciones, que deben ser revisadas periodicamente, se generan impulsos para nuevas tecnologías.

También hay que tener en cuenta la diversidad de niveles técnicos y económicos de los ferrocarriles en el mundo. Debido a ello deben fabricarse máquinas simples y, al mismo tiempo, productos de la más alta tecnología que se adapten a los requerimientos de cada interesado.

Además, para el diseño de una máquina, hay que considerar las características específicas de cada red ferroviaria como el ancho de la vía, el gálibo, la topografía, las condiciones climáticas, etc.

Las empresas que se dedican a la fabricación de este tipo de maquinaria, pretenden cumplir con las exigencias particulares de cada administración ferroviaria o empresa de trabajos de superestructura.

LECCIÓN 3

Complete las siguientes oraciones con partículas temporales apropiadas.

1. No he llamado a los vendedores *desde que* llegué a la ciudad. 2. No volveré a hacer un pedido de oferta *hasta que* cumplan con el último. 3. Te llamé *en cuanto/ tan pronto/ cuando* lo supe. 4. Yo no puedo hacerlo todo. Escribe la oferta y, *mientras/ mientras tanto/ entretanto/ en tanto*, yo me comunico con algunos clientes. 5. No me gusta que me molesten *cuando/ mientras* estoy trabajando. 6. Sería conveniente comunicárselo *antes de que* se entere por otro medio. 7. Por las mañanas, *cuando/ una vez que/ en cuanto/tan pronto como* desayuna, lo primero que hace es leer el periódico. 8. Tenemos que prepararlo todo *antes de que* comience la sesión. 9. Tenme al corriente *a medida que/ conforme/ según* se vayan conociendo más detalles. 10. *Apenas/ en cuanto/ tan pronto como* salió el anuncio se han presentado más de cien candidatos. 11. *Apenas/ en cuanto/ tan pronto como* pueda, señorita, envíe la reclamación. 12. Nos encontramos *al* entrar en la oficina. 13. El presidente acababa de iniciar su discurso, refiriéndose a una nueva etapa de paz, *cuando* se escuchó una fuerte explosión.   14. No sé qué pasa, pero *cada vez que/ siempre que/cuando* lo llamo me dicen que no está.

Un ejemplo claro de esa desviación es la utilización de los criterios de renta *y* riqueza *para* determinar las personas *que* no tienen derecho a prestaciones. Buchanan vaticina, *pues*, que a la vista de los déficit fiscales *que* sufren los países occidentales esos criterios discriminatorios se utilizarán cada vez más en los próximos decenios "y tendrá consecuencias no previstas por los *que* la introdujeron". *Es decir*, para el profesor puede ser el principio del fin del Estado del bienestar *a medida que* alimenta las presiones que ejercerán distintos grupos sociales convertidos en mayorías naturales. "Los *que* apoyan el Estado del bienestar no deben dejarse llevar a engaño. Dicho estado", dice Buchanan, "puede sobrevivir *si* se tiene el cuidado de contener las presiones *que* tienden a hacer que su funcionamiento sea más discriminatorio a ambos lados de la cuenta (ingresos y gastos). *Así pues*, los que apoyan el Estado del bienestar deben responder a las presiones fiscales limitando de forma general los derechos a la percepción de prestaciones". Buchanan fue muy crítico para con los políticos que no explican claramente a los jubilados *que* su pensión, en un sistema público contribuitivo, depende de variantes como el crecimiento económico, el empleo o la productividad.

El presidente del Gobierno, José María Aznar, recordó en su discurso de inauguración de estas jornadas *que* garantizar una auténtica sociedad del bienestar sólo va a ser posible *cuando* se implanten reformas, para lo que solicitó la coloboración de todos los agentes sociales de la economía.

LECCIÓN 4

Ejercicios de comprensión sobre las actividades productivas.

Cuestiones	Sí	No
¿Permite sistematizar la división por sectores la información económica?	X	
¿Es el sector primario el sector más complejo?		X
¿Necesita el sector primario una mayor mano de obra?	X	
¿Transforma el sector terciario los productos?		X
¿Necesitan las estructuras avanzadas menos industria?		X

Preguntas de comprensión sobre las actividades productivas

Preguntas	Respuestas
¿Qué se entiende por sector primario?	El sector primario incluye las actividades en las cuales se obtiene directamente los productos que no han sido objeto de ninguna elaboración.
¿Qué se entiende por sector secundario?	Aquél que tiene por objeto la transformación de los recursos naturales por medio de procedimientos físicos o químicos.
¿Qué se entiende por sector terciario?	Es el sector servicios que tiene relación con la satisfacción directa de alguna necesidad humana por el uso de un bien o un trabajo.
¿Qué persigue la „Ronda de Uruguay del GATT?	Intenta conseguir niveles retributivos adecuados para los recursos en él empleados y lograr unidades productivas eficientes.
¿Qué es un producto tangible y un producto intangible? Exprese algunos ejemplos.	Se denomina producto tangible a todo aquél que se puede materializar o aparece en forma de bien; y al intangible, al que resulta de la actividad económica en el sector terciario.

Complete con una partícula final y la forma adecuada del verbo:
1. Una transferencia bancaria consiste en dar orden al banco *para que haga* un abono en la cuenta de la persona o empresa a la que se tiene que efectuar un pago. 2. Iré este verano a algún país de habla hispana *para perfeccionar* mi español. 3. Se buscó reanimar la actividad productiva *para abatir* la inflación y erradicar la pobreza extrema. 4. Tienes que tomar precauciones *para que* eso no *vuelva* a suceder. 5. Llegaron sobre las siete y media *para hacer* un control de la mercadería. 6. Te ayudaremos *para que termines* antes. 7. Te ayudaríamos *para que terminaras* antes, pero tenemos mucha prisa. 8. Planteó la eliminación de la hiperinflación *para viabilizar* la estrategia económica. 9. Cómpraselo, hombre, *para que aprendan* un poco sobre ordenadores. 10. ¿Hay algún método *para que el trabajador se sienta* motivado? 11. Lo pongo en su conocimiento *para que se abra* una nueva investigación sobre el caso. 12. Nos llamaron *para que fuéramos* a recoger el pedido.

Ejercicios de comprensión sobre los sectores.

Cuestiones	Sí	No
¿Se caracteriza la agricultura española por ser intensiva?		X
¿Suponen las nuevas tecnologías un ataque a la agricultura tradicional?	X	
¿Es competitiva la agricultura sin una apertura comercial del mercado?		X
¿Se analiza la competitividad mediante los precios absolutos?		X
¿Pertenece la banca al sector servicios?	X	
¿Se denomina „I+D" a una sociedad que investiga?		X
¿Supera la agricultura el 50% de la PA?	X	

Preguntas de comprensión sobre los sectores.

Preguntas	Respuestas	
¿Qué se entiende en el texto por competitividad?	Competitividad es la capacidad para mantener o aumentar la cuota de mercado de sus productos comerciables.	
¿Cómo se puede aumentar la productividad sin empeorar el medio ambiente?	(opinión propia)	
¿Es positivo el proceso de integración para la industria?	Pro (opinión personal)	Contra (opinión personal)
¿Cómo se define „servicio"?	Se considera a todo producto no comerciable.	

Las mujeres ganan terreno

Uno de los colectivos españoles que ha sufrido con mayor dureza los efectos del paro es el de la mujer. *A pesar de que* su incorporación al mundo de trabajo ha sido masiva y *más* entusiasta *que* en otros países, ha tenido consecuencias desiguales. *De manera que* la tasa de paro que padecen las mujeres es *más* elevada *que* la de los hombres, *aunque* el futuro se presenta mucho más atractivo.

Al parecer el mundo laboral confrontará en los próximos años una profunda feminización. De hecho, en la última década las mujeres de entre 25 y 44 años han conquistado más del doble de los puestos de trabajo conquistados por los hombres.

Sin embargo, estos datos se derrumban cuando se comparan puestos de trabajo y salarios. Y es que ellas ganan un 33% *menos que* los hombres y los puestos de trabajo que ocupan son de más baja cualificación.

El 75% de los contratos 'a tiempo parcial' son de mujeres. Precisamente por ello, en la reforma laboral, los sindicatos quieren hacer hincapié en que las condiciones de los contratos 'a tiempo parcial' mejoren. Por ejemplo, en que sus prestaciones sociales no supongan una merma de derechos.

Ellas son mayoría en la judicatura, fiscalía, enseñanza y otros tantos terenos en los que el acceso se rige por oposiciones. Y es que, además de ser mayoría en la universidad, presentan en algunos casos expedientes académicos *más* brillantes *que* los de los varones.

LECCIÓN 5

Ejercicios de comprensión sobre la empresa.

Cuestiones	Sí	No
¿Las grandes empresas suponen el 2% de la estructura empresarial?		X
¿Están organizadas verticalmente las grandes empresas?	X	
Las grandes empresas no necesitan aplicar estrategias de posicionamiento ya que tienen un mercado seguro.		X
¿Las PYMES se desarrollan en base a su especialización?	X	
¿Las empresas familiares se denominan así porque llevan el apellido de una familia?		X

Preguntas de comprensión sobre la empresa.

Preguntas	Respuestas	
¿Cómo se define la empresa?	Concepción convencional	Concepción actual
¿Cómo se puede caracterizar la estructura empresarial española?	(opinión propia)	
¿Cuáles son las características más importantes de las siguientes empresas?	Grandes empresas Organización verticalmente integrada. Economías de escala. Costes de transacción, etc.	PYMES Organización flexible. Empresas especializadas. Externalización de las funciones, etc.
¿Qué significa „PYME"?	Pequeña y mediana empresa	

LECCIÓN 6

Ejercicios de comprensión sobre el desempleo.

Cuestiones	Sí	No
¿Es el „paro" un término unívoco?		X
¿Presenta la EPA las cifras exactas del paro?		X
¿Muestran informaciones de tipo sociológico sobre la población las estimaciones de la EPA?	X	

Preguntas de comprensión sobre el desempleo.

Preguntas	Respuestas	
¿Qué se entiende por „paro"?	Según la EPA (elaboración personal)	Según el INEM (elaboración personal)
¿Cuáles son las estimaciones sobre el conjunto de la población?	Según la EPA (elaboración personal)	Según el INEM (elaboración personal)

Ejercicios de comprensión sobre la empresa.

Cuestiones	Sí	No
¿Es el „TLCAN" un acuerdo político entre países del Norte y Centro América?		X
¿Se propone el TLC el aumento de la competitividad en el mundo?	X	
¿Fue firmado el TLC por los EE.UU. y Canadá para ayudar a México en su deuda externa?		X

Preguntas de comprensión sobre el TLCAN.

Preguntas	Respuestas	
¿Qué ámbito acapara el TLCAN y por qué?	Económicos (elaboración personal)	Político-sociales (elaboración personal)
¿Qué ayudas puede conseguir México de sus socios?	(elaboración personal)	
¿Cuáles pueden ser los puntos fuertes y débiles del TLCAN?	Puntos fuertes (elaboración personal)	Puntos débiles (elaboración personal)

LECCIÓN 7

Ejercicio (Pregunta: P y Respuesta: R): elaboración personal.

LECCIÓN 8

Ejercicios de comprensión sobre el equilibrio externo y el Euro.

Cuestiones	Sí	No
¿Se denomina al equilibro interno la situación económica en la que no existe ni paro ni inflación?	X	
¿Depende la paridad del tipo de cambio?	X	

La paridad del Euro está establecida.		X
¿Supone la fluctuación una amenaza para el Euro?	X	

Preguntas de comprensión sobre el Euro.

Preguntas	*Respuestas*	
¿Qué propuesta presenta el texto para fijar las paridades?	Referencia de cambio Promedio de los tipos de cambio de cada divisa en los dos o tres últimos años.	Cambio Fijación mediante el cambio de la jornada previa al inicio del Euro.
¿A qué se denomina Euro?	„Euro" se denomina a la UME.	
¿Qué es la UME y qué funciones asume?	La Unión Monetaria Europea que asume, entre otras cosas, la función de estabilidad cambiaria.	
¿Cuáles son los problemas más importantes por los que atraviesa la moneda única?	(opinión propia)	

I. Formule las siguientes oraciones en período hipotético.
1. Europa se cohesiona políticamente. Tiene la población, la riqueza, la tecnología y el potencial militar para ser el poder predominante del siglo XXI.
Si Europa se cohesionara políticamente, tendría la población, la riqueza, la tecnología y el potencial militar para ser el poder predominante del siglo XXI.
2. Las máquinas son de alta tecnología y tienen una garantía de un año. Cuando tienen un desperfecto, son arregladas gratis.
Las máquinas son de alta tecnología y tienen garantía de un año. Si tuvieran un desperfecto, serían arregladas gratis.
3. Hay mucha delincuencia. Hay más paro.
Si no hubiera tanta delincuencia, habría menos paro.
4. Firmaré el contrato siempre y cuando acepten la cláusula que se refiere a la estabilidad de trabajo.

Firmaría el contrato siempre y cuando aceptaran la claúsula que se refiere a la estabilidad de trabajo.

5. Hizo un buen trabajo. Por eso no lo despidieron.

Si hubiera hecho un mal trabajo, lo habrían despedido.

6. Has perdido el tiempo y, en consecuencia, no has hecho tu trabajo.

Si no hubieras perdido el tiempo, habrías hecho tu trabajo.

7. El programa de gobierno es malo. No hay impulso a la exportación.

Si el programa de gobierno fuera bueno, habría impulso a la exportación.

8. La revista no es tan buena. Los temas no son actuales.

Si los temas fueran actuales, la revista sería mejor.

9. He llegado tarde. He tenido mucho trabajo.

Si no hubiera tenido tanto trabajo, no habría llegado tarde.

10. No sabemos este tema. No podemos pasar a otro.

Si supiéramos este tema, podríamos pasar a otro.

II. Responda con criterio personal.

Responda personalmente a las cuestiones sobre la „Smith Television Company"

Ejercicios de comprensión sobre la competitividad

Cuestiones	Sí	No
¿Se denomina „competitividad" a la suma de los factores?		X
¿Aprovecha el tercer mundo la ventaja comparativa para exportar?	X	
Un aumento del gasto público y de la deuda puede ayudar a un país a ser más competitivo.		X
¿Los componentes innovadores en una empresa pueden ayudar a mejorar la competitividad?	X	

Preguntas de comprensión sobre la competitividad

Preguntas	Respuestas	
¿Qué propuestas conoce que permiten un mejor funcionamiento de	Económicos (criterio personal)	Político-sociales (criterio personal)

los mercados?		
¿Qué definiciones se han dado a través del libro sobre la competitividad? Recuéntelas y haga un análisis.	(criterio personal)	

Lección 9

Ejercicios de comprensión sobre la especialización comercial

Cuestiones	Sí	No
¿Se asientan las desventajas reveladas sobre los indicadores *ex post*?		X
¿Es el índice sobre la ventaja comercial revelada muy exacto?		X
¿Empeora la posición en la especialización comercial los automóviles?		X
¿Determinan las PYMES la estructura industrial española?	X	
¿Supone una ventaja para las PYMES la mejora de los costes de transacción?	X	

Preguntas de comprensión sobre la especialización comercial.

Preguntas	Respuestas	
¿Cómo se define la ventaja comercial?	Según Ricardo (haga un análisis propio)	Según la aproximación (haga un análisis propio)
¿Cómo se puede caracterizar la especialización española?	(haga un análisis propio)	
¿Cuáles son las características más importantes de las empresas-red?	(haga un análisis propio)	

¿Cuáles son las características más importantes de la industria Fordista?	(haga un análisis propio)

LA TERCERA REVOLUCIÓN INDUSTRIAL

Durante las décadas de los años 50, 60 y 70 del siglo actual, los avances científicos y tecnológicos no cesaron en ningún momento de realizarse, aunque naturalmente, la mayor parte de estos progresos no *se dieron a conocer*, a la espera del detonante que presionara al sector productivo para asimilarlos en su práctica. El detonante *se activó* en 1973, a partir del shock petrolífero generado por el alza violenta del combustible dispuesta por la OPEP (Organización de los Países Exportadores de Petróleo) que *se hallaba* bajo el control de los países árabes enfrentados por entonces en guerra contra Israel, apoyado por los Estados Unidos y las potencias europeas a todos los que *se propusieron* castigar con esta medida, los productores de petróleo.

En 1974, el precio del crudo *se había más que duplicado* en referencia al que tenía el año anterior. En 1979, la cotización del barril pasó a los 27.4 dólares para alcanzar la cifra récord de 35.2 dólares el año 1980. Dado que la tecnología que *se desarrolló* en el curso de la Segunda Revolución Industrial, y que era la que *se empleaba* en la década de los 70, *se fundaba* en el empleo del petróleo barato, un aumento de precios tan grande como el habido en el crudo tenía que originar, como efectivamente originó, una conmoción gigantesca, lo que obligó a las potencias industriales a reorientar toda su tecnología.

Conteste a las siguientes preguntas sobre el texto anterior: (elaboración propia).

Cuestiones	Sí	No
¿Es Uruguay uno de los países más grandes de América Latina?		X
¿Tiene más de treinta millones de habitantes?		X
¿Entró en el Mercosur por razones de competitividad?	X	
¿Creció la exportación en los primeros años de los noventa?	X	
¿Se está creando una estructura institucional de I+D?	X	

Preguntas de comprensión sobre Uruguay.

Preguntas	Respuestas	
¿Qué exporta /importa Uruguay?	Exportación (lleve a cabo análisis propios)	Importación (lleve a cabo análisis propios)
¿En qué ámbito se ha especializado comercialmente?	(lleve a cabo análisis propios)	

ÍNDICE ALFABÉTICO POR LECCIÓN (ESPAÑOL-ALEMÁN)
Lección 1

indigencia *f.* Armut
oscilar *v.* pendeln
arancel *m.* Abgabe

Lección 2

anunciar *v.* bekanntmachen
vincular [a] *v.* gebunden an
licenciado *m.* akadem.Grad.M.A. (Mag.)
soporte *m.* Träger, Stütze
trayectoria profesional *exp..* Karriere
prestigio *m.* Prestige, Ansehen
retribución *f.* Bezahlung, Gehalt
condiciones exigidas *exp.* velangte Bedingungen
dotación *f.* Austattung, Anzahl
capital fijo *exp.* Fest-, Anlagevermögen
disponibilidad *f.* Verfügbarkeit
restricción *f.* Ein-,Beschränkung
emprender iniciativas *exp.* Initiativen setzen
punto de mira *exp.* Blickpunkt
incentivo *m.* Anreiz
entorno *m.* Umgebung
entremado *m.* Verschachtelung
desincentivar *v.* mindern (der Motivation)
acometer *v.* durchsetzen
facultad *f.* Fähigkeit
ámbito *m.* Bereich
sindicato *m.* Gewerkschaft
reclamo *m.* Reklamation
convenio colectivo *exp.* Kollektivvertrag
gremio *m.* Genossenschaft
oficio *m.* Handwerk
alcance *m.* Umfang
asentarse sobre *exp.* gründen auf
rigidez *f.* Strenge
abaratamiento *m.* Verbilligung
competitivo *adj.* wettbewerbsfähig
densidad del tráfico *exp.* Verkehrsdichte
exacción *f.* Abgabe, Steuer

Lección 3

proveedor *m.* Lieferant
suministro *m.* Lieferung
con referencia a *exp.* mit Bezug auf
proporcionar *v.* besorgen

repuesto *m.* Ersatz
mantenimiento *m.* Wartung
conservación *f.* Konservierung
aportación de capital *exp.* Kapitaleinlage
comprimir *v.* verdichten
someter una oferta *exp.* ein Angebot machen
generado *adj.* erzeugt
con respecto a *exp.* bezüglich
tratamiento *m.* Behandlung
anterioridad *f.* Vorzeitigkeit
posterioridad *f.* Nachkommenschaft
rubro *m.* Bereich
tomar tierra *exp.* landen
irrumpir *v.* eindringen
pronunciarse *v.* aussprechen
advertir *v.* aufmerksam machen
trazar *v.* umreißen
prestación *f.* Sozialleistung
reiterar *v.* wiederholen
welfare *angl.* Wohlfahrt
adhesión *f.* Anschluß
cuasigeneral *adj.* quasigenerell
vaticinar *v.* prophezeien
bienestar *m.* Wohlstand
convertido *adj.* umgewandelt
presión fiscal *exp.* Steuerlast
sistema público contributivo *exp.* öffentliches Abgabensystem
implantar *v.* einführen
cliente habitual *exp.* Stammgast
someter una oferta *exp.* Angebot unterbreiten
derechos de aduana *exp.* Zollgebühren
bonificación *f.* Preisnachlaß
pago por adelantado *exp.* Vorauszahlung
pago al recibo de la factura *exp.* Zahlung, Kasse gegen Rechnung
mercancía suministrada *exp.* gelieferte Ware
pagadero en el plazo de... días *exp.* zahlbar in...Tagen, Zahlungsziel
importe de la factura *exp.* Rechnungsbetrag
cartera de pedidos *exp.* Auftragsstand
salvo *adv.* außer
en espera de sus gratas órdenes *exp.* in Erwartung Ihres Auftrages
pago diferido *exp.* Zielzahlung, Ratenzahlung
oferta en firme *exp.* Festangebot
año en curso *exp.* laufendes Jahr
requerido *adj.* erforderlich
boletín *m.* Bestellkarte

contraoferta   *f.*   Gegenangebot
cumplimentar   *v.*   ausführen
aviso de expedición   *exp.*   Versandanzeige
deducción   *f.*   Abzug
recargo   *m.*   Zuschlag
aviso de pago   *exp.*   Zahlungsanzeige
acuse de recibo   *exp.*   Eingangsbestätigung
hacer valer   *exp.*   geltend machen
queja   *f.*   Beschwerde, Klage
recurrir [a]   *v.*   zurückgreifen auf

Lección 4

retribuido   *adj.*   rentabel
ronda de negociaciones   *exp.*   Verhandlungsrunde
detrimento   *m.*   Schaden
intangible   *adj.*   unberührbar
desafío   *m.*   Herausforderung
imprevisto   *adj.*   unvorhergesehen
abarrotar   *v.*   vollstopfen
cupo   *m.*   Platz
transferencia bancaria   *exp.*   Banküberweisung
erradicar   *v.*   entwurzeln
pongo en su conocimiento   *exp.*   bekanntmachen
preservar   *v.*   schützen
vinculado   *adj.*   verbunden, verknüpft
imperativo   *adj.*   dringende
deterioro   *m.*   Beschädigung
congeniar   *v.*   harmonieren
desarrollo sustentable   *exp.*   bleibende Entwicklung
sustentabilidad   *f.*   Unterstützung
reconversión   *f.*   Umstellung
competitividad   *f.*   Konkurrenzfähigkeit
vigente   *adj.*   gültig
ajuste   *m.*   Anpassung
converger   *v.*   vereinigen
dotación   *f.*   Zuwendung
homogeneización   *f.*   Angleichung
repercusión   *f.*   Auswirkung
punto débil   *exp.*   schwache Stelle
consecuente   *adj.*   folgerichtig
precisar   *v.*   benötigen
trueque   *m.*   Tausch
padecer   *v.*   leiden
derrumbarse   *v.*   stürzen
hacer hincapié en   *exp.*   beharren auf

merma de derechos   *exp.*   Rechtsminderung
restauración   *f.*   Wiederherstellung
sostener   *v.*   behaupten
proliferación   *f.*   Weiterverbreitung
postura   *f.*   Stellungnahme
acceso   *m.*   Zugang
traba   *f.*   Hindernis
grano   *m.*   Korn

Lección 5

dado que   *exp.*   angenommen, daß
balanza de pagos   *exp.*   Zahlungsbilanz
valor agregado   *exp.*   Wertzuwachs, Mehrwert
artesanía   *f.*   Handarbeit
contribución   *f.*   Beitrag
productos agropecuarios   *exp.*   landwirtschaftliche Produkte
enfoque   *m.*   Einstellung
transacción   *f.*   Unternehmung, Geschäft
redondear   *v.*   abrunden
subcontratación   *f.*   Abschließung eines Untervertrages
comportar   *v.*   zur Folge haben
gestión   *f.*   Unternehmensführung
incidir   *v.*   auswirken
hacer alusión a   *exp.*   anspielen auf
diferir   *v.*   anders sein
estrato   *m.*   Soz.Schicht
escalonado   *adj.*   graduell
transformador   *m.*   Umformer
incidencia   *f.*   Auswirkung
activo neto   *exp.*   Nettovermögen
tasa de endeudamiento   *exp.*   Verschuldungsrate
costes de endeudamiento   *exp.*.   Verschuldungskosten
margen sobre las ventas   *exp.*   Handelsspanne
rotación del activo   *exp.*   Vermögensumlauf
rentabilidad económica   *exp*   wirtschaftliche Rentabilität
rentabilidad financiera   *exp*   finanzierbare Rentabilität
rotación del inmovilizado material neto   *exp*   Fluktuation der Netto-Anlagevermögen
apalancamiento financiero   *exp.*   den finanziellen Hebel ansetzen
reseña   *f.*   Zusammenfassung
enjuiciar   *v.*   beurteilen
preámbulo   *m.*   Vorrede
emitir   *v.*   geben
concisión   *f.*   Kürze
registro   *m.*   Angabe

prosperidad *f.* Wohlstand
restringir *v.* beschränken
maniobra *f.* Handhabung
apostar *v.* wetten
regir *v.* regieren
tríada *f.* Dreiheit, Triade
carencia *f.* Fehlen
tenso *adj.* gespannt
encarar *v.* ins Auge sehen
afectar *v.* betreffen
tributo *m.* Steuer
persona jurídica *exp.* juristische Person
patrimonio *m.* Vermögen
insumo *m.* Input
reintegro *m.* Wiedereinsetzung

Lección 6

consulta *f.* Auskunft
concernirente a *exp.* hinsichtlich
excluyente *adj* ausschließend
disyuntiva *f.* Alternative
procurar *v.* versuchen
fiable *adj.* zuverlässig
mesurable *adj.* messbar
para que el arco llegue al puerto *exp.* um das Ziel zu erreichen
destacada *adj.* hervorragend
inquietante *adj* beunruhigend
yacimiento de empleo *exp.* Beschäftigungsreserve
ha de destacarse *exp.* man muss es hervorheben
respectivamente *adv.* jeweils
ocio *m.* Muße
demanda de empleo *exp.* Nachfrage nach Arbeit
paro registrado *exp.* registrierte Arbeitslosigkeit
perceptor *m.* Empfänger
inserción *m.* Einrücken
incapacidad laboral *exp.* Arbeitsunfähigkeit
baja médica *exp.* Krankenstand
prestación social sustitutoria *exp.* Zivildienst
frenar *v.* zurückhalten
precariedad en el empleo *exp.* prekäre, missliche Lage am
                                    Arbeitsmarkt
ceder *v.* abgeben
concenso *m.* Zustimmung
improcedente *adj.* unangebracht
sostenido *adj.* gestützt

conjugado   *adj.*   beigeordnet
protagonismo   *m.*   Hauptrolle
tratado de comercio   *exp.*   Handelsvertrag
congruente   *adj.*   passend
desarrollo sostenible   *exp.*   unterstützbare Entwicklung
arancel aduanero   *exp.*   Zoll
para efecto de   *exp.*   im Sinne
prevalecer   *v.*   überwiegen
requisito   *m.*   Forderung
medidas fitosanitarias   *exp.*   Pflanzenschutzmaßnahmen
cuota compensatoria   *exp.*   Kompensationsquote
transfronterizo   *adj.*   grenzübergreifend

Lección 7
engorroso   *adj.*   lästig
pasar por alto   *exp.*   übersehen
ejercicio   *m.*   Rechnungsjahr
déficit comercial   *exp.*   Finanzierungsdefizit
alertar   *v.*   wachsam machen
repunte   *m.*   das Steigen
costes laborales   *exp.*   Arbeitskosten
balanza de servicios   *exp.*   Dienstleistungsbilanz
balanza de transferencias   *exp.*   Übertragunsbilanz
balanza de rentas   *exp.*   Rentenbilanz
balanza por cuenta corriente   *exp.*   Bilanz des Girokontos
gastos corrientes   *exp.*   laufende Zahlungen
ingresos corrientes   *exp.*   laufende Einkünfte
unilateral   *adj.*   einseitig
balanza de capital a largo plazo   *exp.*   Kapitalbilanz
variación de reservas   *exp.*   Wechsel der Reserven
cuenta financiera   *exp.*   Finanzkonto
procesual   *adj.*   prozessabhängig
votación   *f.*   Abstimmung
ponderación   *f.*   Abwägen
diagrama de dispersión   *exp.*   Punktdiagramm
campos de fuerza   *exp.*   Kraftfeld
diagrama de barras   *exp.*   Balkendiagramm
eje de abscisas   *exp.*   Abszissenachse
eje de ordenadas   *exp.*   Ordinatenachse
plasmar   *v.*   bilden
parecer   *m.*   Meinung
dictamen   *m.*   Urteil
coordenadas cartesianas   *exp.*   kartesische Koordinaten
resolución   *f.*   Beschluss
patrocinar   *v.*   fördern

Lección 8

absorción *f.* Aufnahme
depreciar la moneda *exp.* Geld entwerten
paridad *f.* Gleichheit
barajar *v.* verwirren
entrañar *v.* mitbringen
desatar *v.* entfesseln
irrevocable *adj.* unwiderruflich
bandas de fluctuación *exp.* Fluktuationsbreite
letra oficial *exp.* offizielle Anweisung
volatilidad *f.* Flüchtigkeit
banda de oscilación *exp.* Oszillationsbreite
convergencia *f.* Übereinstimmung
economías de escala *exp.* Stufenplan
estancarse *v.* stehenbleiben
flujo comercial *exp.* Geschäftsfluß
saldo comercial *exp.* Handelssaldo
tasa de cobertura *exp.* Deckungsrate
desperfecto *m.* Defekt
despedir *v.* entlassen
sindicalizado *adj.* gewerkschaftlich organisiert
lealtad *f.* Treue
prosperar *v.* Erfolg haben
deteriorar *v.* beschädigt, zerstört
boletín *m.* Amtsblatt
reporte *m.* Bericht
añoranza *f.* Sehnsucht
deprimido *adj.* deprimiert
incidir en *exp.* auswirken auf
rúbrica *f.* Rubrik, Spalte
amortización *f.* Rückzahlung
mercado bursátil *exp.* Börse

Lección 9

ventaja comercial revelada *exp.* enthülltes Geschäftsgeheimnis
inferir *v.* folgern
férreo *adj.* eisern
insoslayable *adj* unvermeidlich
fibra sintética *exp.* Kunstfaser
siderurgia *f.* Eisenhüttenkunde
plomo *m.* Blei
desinfectante *m.* Desinfektionsmittel
fertilizante *m.* Düngemittel

cobre *m.* Kupfer
contrarrestada *adj.* widersprüchlich
devenir *v.* Geschehen
paradigma *m.* Muster, Beispiel
incertidumbre *f.* Zweifel
previsibilidad *f.* Voraussehbarkeit
detonante *m.* explosiv
conmoción *f.* Gemütsbewegung, Erschütterung
desarraigo *m.* Entwurzelung
idóneo *adj.* geeignet, fähig
atemperar *v.* mildern, mäßigen
infraestructuras viarias *exp.* Straßeninfrastruktur
despilfarro *m.* Verschwendung
pujante *adj.* mächtig

Lección 10

novedoso *adj.* neu
abordar *v.* ansprechen, berühren
asequible *adj.* erreichbar
tentación *f.* Versuchung
prejuicio *m.* Vorurteil
inviable *adj.* undurchführbar
soberbia *f.* Stolz
con antelación *exp.* im Voraus
repertorio *m.* Verzeichnis
inexcusable *adj.* dringend
ponente *m.* Referent
versado *adj.* bewandert, versiert
rebatir *v.* zurückschlagen
pie de página *exp.* Fußzeile
lícito *adj.* erlaubt
pulcritud *f.* Reinheit
reñido *adj.* unvereinbar
transliteración *f.* Übersetzung
apéndice *m.* Anhang
sacar el jugo *exp.* die Essenz herausarbeiten
entrenar *v.* trainieren

Índice Alfabético (Español-Alemán)

balanza por cuenta corriente *exp.* Bilanz des Girokontos
banda de oscilación *exp.* Oszillationsbreite
bandas de fluctuación *exp.* Fluktuationsbreite
barajar *v.* verwirren
benéfico *adj.* wohltätig
bienestar *m.* Wohlstand
biodiversidad *f* biologische Verschiedenheit
boletín *m.* Bestellkarte
boletín *m.* Amtsblatt
bonificación *f.* Preisnachlaß
buscapersonas *m.* Personensucher
campos de fuerza *exp.* Kraftfeld
capital fijo *exp.* Fest-, Anlagevermögen
carencia *f.* Fehlen
cartera de pedidos *exp.* Auftragsstand
ceder *v.* überlassen
ceder *v.* abgeben
cliente habitual *exp.* Stammgast
cobre *m.* Kupfer
colocación *f.* Verkauf, Absatz
competitividad *f.* Konkurrenzfähigkeit
competitivo *adj.* wettbewerbsfähig
comportar *v.* zur Folge haben
comprimir *v.* verdichten
con antelación *exp.* im Voraus
con arreglo a *exp.* gemäß
con referencia a *exp.* mit Bezug auf
con respecto a *exp.* bezüglich
concenso *m.* Zustimmung
concernirente a *exp.* hinsichtlich
concisión *f.* Kürze
condiciones exigidas *exp.* velangte Bedingungen
congeniar *v.* harmonieren
congruente *adj.* passend
conjugado *adj.* beigeordnet
conmoción *f.* Gemütsbewegung, Erschütterung
consecuente *adj.* folgerichtig
conservación *f.* Konservierung
consulta *f.* Auskunft
contraoferta *f.* Gegenangebot
contrarrestada *adj.* widersprüchlich
contribución *f.* Beitrag
convenio colectivo *exp.* Kollektivvertrag
convergencia *f.* Übereinstimmung
converger *v.* vereinigen

convertido   *adj.*   umgewandelt
coordenadas cartesianas   *exp.*   kartesische Koordinaten
costes de endeudamiento   *exp.*.   Verschuldungskosten
costes laborales   *exp.*   Arbeitskosten
cuasigeneral   *adj.*   quasigenerell
cuenta financiera   *exp.*   Finanzkonto
cumplimentar   *v.*   ausführen
cuota compensatoria   *exp.*   Kompensationsquote
cupo   *m.*   Platz
dado que   *exp.*   angenommen, daß
declararse en quiebra   *exp.*   Konkurs anmelden
deducción   *f.*   Abzug
deducir   *v.*   schließen
déficit comercial   *exp.*   Finanzierungsdefizit
demanda   *f.*   Anfrage
demanda de empleo   *exp.*   Nachfrage nach Arbeit
densidad del tráfico   *exp.*   Verkehrsdichte
dependiente   *adj.*   abhängig
depreciar la moneda   *exp.*   Geld entwerten
deprimido   *adj.*   deprimiert
derechos de aduana   *exp.*   Zollgebühren
derrumbarse   *v.*   stürzen
desaceleración   *f.*   Verlangsamung
desafío   *m.*   Herausforderung
desarraigo   *m.*   Entwurzelung
desarrollo sostenible   *exp.*   unterstützbare Entwicklung
desarrollo sustentable   *exp.*   bleibende Entwicklung
desatar   *v.*   entfesseln
desincentivar   *v.*   mindern (Motivation)
desinfectante   *m.*   Desinfektionsmittel
despedir   *v.*   entlassen
desperfecto   *m.*   Defekt
despilfarro   *m.*   Verschwendung
desplazar   *v.*   verdrängen
destacada   *adj.*   hervorragend
destinar [a]   *v.*   bestimmt sein zu
deteriorar   *v.*   beschädigt, zerstört
deterioro   *m.*   Beschädigung
detonante   *m.*   explosiv
detrimento   *m.*   Schaden
devenir   *v.*   Geschehen
diagrama de barras   *exp.*   Balkendiagramm
diagrama de dispersión   *exp.*   Punktdiagramm
dictamen   *m.*   Urteil
diferir   *v.*   anders sein

disponibilidad *f.* Verfügbarkeit
disyuntiva *f.* Alternative
dotación *f.* Austattung, Anzahl
dotación *f.* Zuwendung
economías de escala *exp.* Stufenplan
eje de abscisas *exp.* Abszissenachse
eje de ordenadas *exp.* Ordinatenachse
ejercicio *m.* Rechnungsjahr
emitir *v.* geben
emprender iniciativas *exp.* Initiativen setzen
en espera de sus gratas órdenes *exp.* in Erwartung Ihres Auftrags
en suspenso *exp.* in der Schwebe
encabezamiento *m.* Schriftkopf
encarar *v.* ins Auge sehen
enfoque *m.* Einstellung
engorroso *adj.* lästig
enjuiciar *v.* beurteilen
entidad *f.* Körperschaft
entorno *m.* Umgebung
entrañar *v.* mitbringen
entremado *m.* Verschachtelung
entrenar *v.* trainieren
erradicar *v.* entwurzeln
escalonado *adj.* graduell
estancarse *v.* stehenbleiben
estrato *m.* Soz.Schicht
eurosiberiana *adj.* eurosibirisch
ex ante *exp.* im Voraus
exacción *f.* Abgabe, Steuer
excluyente *adj* ausschließend
expectativa *f.* Aussicht
facultad *f.* Fähigkeit
férreo *adj.* eisern
fertilizante *m.* Düngemittel
fiable *adj.* zuverlässlich
fibra sintética *exp.* Kunstfaser
figurar *v.* darstellen
flujo comercial *exp.* Geschäftsfluß
flujo de producción *exp.* Produktionsfluß
frenar *v.* zurückhalten
gastos corrientes *exp.* laufende Zahlungen
generado *adj.* erzeugt
gestión *f.* Unternehmensführung
grano *m.* Korn
gremio *m.* Genossenschaft

ha de destacarse   *exp.*   man muss es hervorheben
hacer alusión a   *exp.*   anspielen auf
hacer hincapié en   *exp.*   beharren auf
hacer valer   *exp.*   geltend machen
homogeneización   *f.*   Angleichung
idóneo   *adj.*   geeignet, fähig
imperativo   *adj.*   dringende...
implantar   *v.*   einführen
implicar   *v.*   verursachen
importe de la factura   *exp.*   Rechnungsbetrag
imprevisto   *adj.*   unvorhergesehen
improcedente   *adj.*   unangebracht
incapacidad laboral   *exp.*   Arbeitsunfähigkeit
incentivo   *m.*   Anreiz
incertidumbre   *f.*   Zweifel
incidencia   *f.*   Auswirkung
incidir   *v.*   auswirken
incidir en   *exp.*   auswirken auf
indigencia   *f.*   Armut
inexcusable   *adj.*   dringend
inferir   *v.*   folgern
infraestructuras viarias   *exp.*   Straßeninfrastruktur
ingresos corrientes   *exp.*   laufende Einkünfte
inquietante   *adj*   beunruhigend
inserción   *m.*   Einrücken
insoslayable   *adj*   unvermeidlich
insumo   *m.*   Input
intangible   *adj.*   unberührbar
inversiones líquidas   *exp.*   Liquiditätsanlagen
inviable   *adj.*   undurchführbar
irrevocable   *adj.*   unwiderruflich
irrumpir   *v.*   eindringen
lealtad   *f.*   Treue
letra oficial   *exp.*   offizielle Anweisung
licenciado   *m.*   akadem.Grad.M.A. (Mag.)
lícito   *adj.*   erlaubt
litoral   *m.*   Küstengebiet
manifiesto   *adj.*   offenkundig
maniobra   *f.*   Handhabung
mantenimiento   *m.*   Wartung
margen sobre las ventas   *exp.*   Handelsspanne
medidas fitosanitarias   *exp.*   Pflanzenschutzmaßnahmen
mercado bursátil   *exp.*   Börse
mercancía suministrada   *exp.*   gelieferte Ware
merma de derechos   *exp.*   Rechtsminderung

meseta *f.* Hochebene
mesurable *adj.* messbar
novedoso *adj.* neu
ocio *m.* Muße
oferta en firme *exp.* Festangebot
oficio *m.* Handwerk
oscilar *v.* pendeln
padecer *v.* leiden
pagadero en el plazo de... días *exp.* zahlbar in...Tagen, Zahlungsziel
pago al recibo de la factura *exp.* Zahlung, Kasse gegen Rechnung
pago diferido *exp.* Zielzahlung, Ratenzahlung
pago por adelantado *exp.* Vorauszahlung
para efecto de *exp.* im Sinne
para que el arco llegue al puerto *exp.* um das Ziel zu erreichen
paradigma *m.* Muster, Beispiel
parecer *m.* Meinung
paridad *f.* Gleichheit
paro registrado *exp.* registrierte Arbeitslosigkeit
pasar por alto *exp.* übersehen
patrimonio *m.* Vermögen
patrocinar *v.* fördern
penetración *f.* Eindringen
perceptor *m.* Empfänger
persona jurídica *exp.* juristische Person
pie de página *exp.* Fußzeile
plasmar *v.* bilden
plomo *m.* Blei
población activa *exp.* tätige Bevölkerung
ponderación *f.* Abwägen
ponente *m.* Referent
pongo en su conocimiento *exp.* bekanntmachen
portador *m.* Träger
posterioridad *f.* Nachkommenschaft
postura *f.* Stellungnahme
preámbulo *m.* Vorrede
precariedad en el empleo *exp.* prekäre,   missliche Lage am
                                                 Arbeitsmarkt
precisar *v.* benötigen
prejuicio *m.* Vorurteil
preservar *v.* schützen
presión fiscal *exp.* Steuerlast
prestación *f.* Sozialleistung
prestación social sustitutoria *exp.* Zivildienst
prestigio *m.* Prestige, Ansehen
prevalecer *v.* überwiegen

prever *v.* vorhersehen
previsibilidad *f.* Voraussehbarkeit
procesual *adj.* prozessabhängig
procurar *v.* versuchen
productos agropecuarios *exp.* landwirtschaftliche Produkte
proliferación *f.* Weiterverbreitung
pronunciarse *v.* aussprechen
proporcionar *v.* besorgen
prosperar *v.* Erfolg haben
prosperidad *f.* Wohlstand
protagonismo *m.* Hauptrolle
proveedor *m.* Lieferant
pujante *adj.* mächtig
pulcritud *f.* Reinheit
punto de mira *exp.* Blickpunkt
punto débil *exp.* schwache Stelle
queja *f.* Beschwerde, Klage
rebatir *v.* zurückschlagen
recargo *m.* Zuschlag
reclamo *m.* Reklamation
reconversión *f.* Umstellung
recurrir [a] *v.* zurückgreifen auf
redondear *v.* abrunden
regir *v.* regieren
registro *m.* Angabe
reintegro *m.* Wiedereinsetzung
reiterar *v.* wiederholen
reñido *adj.* unvereinbar
rentabilidad económica *exp* wirtschaftliche Rentabilität
rentabilidad financiera *exp* finanzierbare Rentabilität
repercusión *f.* Auswirkung
repertorio *m.* Verzeichnis
reporte *m.* Bericht
repuesto *m.* Ersatz
repunte *m.* das Steigen
requerido *adj.* erforderlich
requerir *v.* benötigen
requisito *m.* Forderung
reseña *f.* Zusammenfassung
resolución *f.* Beschluss
respectivamente *adv.* jeweils
restauración *f.* Wiederherstellung
restricción *f.* Ein-, Beschränkung
restringir *v.* beschränken
retribución *f.* Bezahlung, Gehalt

retribuido   *adj.*   rentabel
rigidez   *f.*   Strenge
ronda de negociaciones   *exp.*   Verhandlungsrunde
rotación del activo   *exp.*   Vermögensumlauf
rotación del inmovilizado material neto   *exp.*   Fluktuation der Netto Anlagevermögen
rúbrica   *f.*   Rubrik, Spalte
rubro   *m.*   Bereich
sacar el jugo   *exp.*   die Essenz herausarbeiten
saldo comercial   *exp.*   Handels-Saldo
salvo   *adv.*   außer
siderurgia   *f.*   Eisenhüttenkunde
sindicalizado   *adj.*   gewerkschaftlich organisiert
sindicato   *m.*   Gewerkschaft
sistema público contributivo   *exp.*   öffentliches Abgabensystem
soberbia   *f.*   Stolz
someter una oferta   *exp.*   ein Angebot machen
someter una oferta   *exp.*   Angebot unterbreiten
soporte   *m.*   Träger, Stütze
sostener   *v.*   behaupten
sostenido   *adj.*   gestützt
subcontratación   *f.*   Abschließung eines Untervertrages
suministro   *m.*   Lieferung
superávit   *m.*   Überschuß
sustentabilidad   *f.*   Unterstützung
tasa de cobertura   *exp.*   Deckungsrate
tasa de endeudamiento   *exp.*   Verschuldungsrate
tenso   *adj.*   gespannt
tentación   *f.*   Versuchung
tomar tierra   *exp.*   landen
traba   *f.*   Hindernis
transacción   *f.*   Unternehmung, Geschäft
transferencia bancaria   *exp.*   Banküberweisung
transformador   *m.*   Umformer
transfronterizo   *adj.*   grenzübergreifend
transliteración   *f.*   Übersetzung
tratado de comercio   *exp.*   Handelsvertrag
tratamiento   *m.*   Behandlung
trayectoria profesional   *exp..*   Karriere
trazar   *v.*   umreißen
tríada   *f.*   Dreiheit, Triade
tributo   *m.*   Steuer
trueque   *m.*   Tausch
ubicuidad   *f.*   Allgegenwart
unilateral   *adj.*   einseitig

usuario   *m.*   Benutzer
valor agregado   *exp.*   Wertzuwachs, Mehrwert
variación de reservas   *exp.*   Wechsel der Reserven
vaticinar   *v.*   prophezeien
ventaja comercial revelada   *exp.*   enthülltes Geschäftsgeheimnis
versado   *adj.*   bewandert, versiert
vigente   *adj.*   gültig
vinculado   *adj.*   verbunden, verknüpft
vincular [a]   *v.*   gebunden an
volatilidad   *f.*   Flüchtigkeit
votación   *f.*   Abstimmung
welfare   *angl.*   Wohlfahrt
yacimiento de empleo   *exp.*   Beschäftigungsreserve

ALPHABETISCHES SACHREGISTER (DEUTSCH-SPANISCH)

Abgabe   arancel   *m.*
Abgabe, Steuer   exacción   *f.*
abgeben   ceder   *v.*
abhängig   dependiente   *adj.*
abrunden   redondear   *v.*
Abschließung eines Untervertrages   subcontratación   *f.*
Abstimmung   votación   *f.*
Abszissenachse   eje de abscisas   *exp.*
Abwägen   ponderación   *f.*
Abzug   deducción   *f.*
akadem.Grad.M.A. (Mag.)   licenciado   *m.*
Allgegenwart   ubicuidad   *f.*
Alternative   disyuntiva   *f.*
Amtsblatt   boletín   *m.*
anders sein   diferir   *v.*
Anfrage   demanda   *f.*
Angabe   registro   *m.*
Angebot unterbreiten   someter una oferta   *exp.*
angenommen, daß   dado que   *exp.*
Angleichung   homogeneización   *f.*
Anhang   apéndice   *m.*
Anpassung   ajuste   *m.*
Anreiz   incentivo   *m.*
Anschluß   adhesión   *f.*
anspielen auf   hacer alusión a   *exp.*
ansprechen, berühren   abordar   *v.*
Arbeitskosten   costes laborales   *exp.*
Arbeitsunfähigkeit   incapacidad laboral   *exp.*
Armut   indigencia   *f.*
aufmerksam machen   advertir   *v.*
Aufnahme   absorción   *f.*
Auftragsstand   cartera de pedidos   *exp.*
ausführen   cumplimentar   *v.*
Auskunft   consulta   *f.*
ausschließend   excluyente   *adj*
außer   salvo   *adv.*
Aussicht   expectativa   *f.*
aussprechen   pronunciarse   *v.*
Austattung, Anzahl   dotación   *f.*
auswirken   incidir   *v.*
auswirken auf   incidir en   *exp.*
Auswirkung   incidencia/ repercusión *f.*
Balkendiagramm   diagrama de barras   *exp.*
Banküberweisung   transferencia bancaria   *exp.*

Behandlung   tratamiento *m.*
beharren auf   hacer hincapié en   *exp.*
behaupten   sostener *v.*
beigeordnet   conjugado *adj.*
Beisatz   aposición *f.*
beiseite   aparte *adv.*
Beitrag   contribución *f.*
bekanntmachen   anunciar *v.*, pongo en su conocimiento *exp.*
benötigen   precisar/ requerir *v.*
Benutzer   usuario *m.*
Bereich   ámbito *m.*, rubro *m.*
Bericht   reporte *m.*
beschädigt, zerstört   deteriorar *v.*
Beschädigung   deterioro *m.*
Beschäftigungsreserve   yacimiento de empleo *exp.*
Beschluss   resolución *f.*
beschränken   restringir *v.*
Beschränkung   restricción *f.*
Beschwerde, Klage   queja *f.*
besorgen   proporcionar *v.*
Bestellkarte   boletín *m.*
bestimmt sein zu   destinar [a] *v.*
betreffen   afectar *v.*
betreffend   concernirente *adj.*
beunruhigend   inquietante *adj*
beurteilen   enjuiciar *v.*
bewandert, versiert   versado *adj.*
Bezahlung, Gehalt   retribución *f.*
bezüglich   con respecto a *exp.*
Bilanz des Girokontos   balanza por cuenta corriente *exp.*
bilden   plasmar *v.*
biologische Verschiedenheit   biodiversidad *f*
Blei   plomo *m.*
bleibende Entwicklung   desarrollo sustentable *exp.*
Blickpunkt   punto de mira *exp.*
Börse   mercado bursátil *exp.*
darstellen   figurar *v.*
das Steigen   repunte *m.*
Deckungsrate   tasa de cobertura *exp.*
Defekt   desperfecto *m.*
den finanziellen Hebel ansetzen   apalancamiento financiero *exp.*
deprimiert   deprimido *adj.*
Desinfektionsmittel   desinfectante *m.*
die Essenz herausarbeiten   sacar el jugo *exp.*
Dienstleistungsbilanz   balanza de servicios *exp.*

Dreiheit, Triade   tríada   *f.*
dringend   inexcusable adj.
dringende   imperativo *adj.*
Düngemittel   fertilizante   *m.*
durchsetzen   acometer   *v.*
ein Angebot machen   someter una oferta   *exp.*
Ein-, Beschränkung   restricción   *f.*
eindringen   irrumpir *v.*
Eindringen   penetración   *f.*
einführen   implantar *v.*
Eingansbestätigung   acuse de recibo   *exp.*
Einrücken   inserción   *f.*
einseitig   unilateral *adj.*
Einstellung   enfoque *m.*
Eisenhüttenkunde   siderurgia   *f.*
eisern   férreo *adj.*
Empfänger   perceptor *m.*
entfesseln   desatar *v.*
enthülltes Geschäftsgeheimnis   ventaja comercial revelada   *exp.*
entlassen   despedir *v.*
entwurzeln   erradicar *v.*
Entwurzelung   desarraigo *m.*
Erfolg haben   prosperar *v.*
erforderlich   requerido *adj.*
erlaubt   lícito *adj.*
erreichbar   asequible *adj.*
Ersatz   repuesto *m.*
erscheinen   aparecer *v.*
erzeugt   generado *adj.*
eurosibirisch   eurosiberiana *adj.*
explosiv   detonante *m.*
Fähigkeit   facultad *f.*
Fehlen   carencia *f.*
Fest-, Anlagevermögen   capital fijo   *exp.*
Festangebot   oferta en firme   *exp.*
finanzierbare Rentabilität   rentabilidad financiera *exp*
Finanzierungsdefizit   déficit comercial   *exp.*
Finanzkonto   cuenta financiera   *exp.*
Flüchtigkeit   volatilidad *f.*
Fluktuation der Netto-
Anlagevermögen   rotación del inmovilizado material neto   *exp.*
Fluktuationsbreite   bandas de fluctuación   *exp.*
folgerichtig   consecuente *adj.*
folgern   inferir *v.*
fördern   patrocinar *v.*

Forderung   requisito *m.*
Fußzeile   pie de página *exp.*
geben   emitir *v.*
gebunden an   vincular [a] *v.*
geeignet, fähig   idóneo *adj.*
Gegenangebot   contraoferta *f.*
Geld entwerten   depreciar la moneda *exp.*
geliefernte Ware   mercancía suministrada *exp.*
geltend machen   hacer valer *exp.*
gemäß   con arreglo a *exp.*
Gemütsbewegung, Erschütterung   conmoción *f.*
Genossenschaft   gremio *m.*
Geschäftsfluß   flujo comercial *exp.*
Geschehen   devenir *v.*
gespannt   tenso *adj.*
gestützt   sostenido *adj.*
Gewerkschaft   sindicato *m.*
gewerkschaftlich organisiert   sindicalizado *adj.*
Gleichheit   paridad *f.*
graduell   escalonado *adj.*
grenzübergreifend   transfronterizo *adj.*
gründen auf   asentarse sobre *exp.*
gültig   vigente *adj.*
Handarbeit   artesanía *f.*
Handels-Saldo   saldo comercial *exp.*
Handelsspanne   margen sobre las ventas *exp.*
Handelsvertrag   tratado de comercio *exp.*
Handhabung   maniobra *f.*
Handwerk   oficio *m.*
harmonieren   congeniar *v.*
Hauptrolle   protagonismo *m.*
Herausforderung   desafío *m.*
hervorragend   destacada *adj.*
Hindernis   traba *f.*
hinsichtlich   concerniente a exp.
Hochebene   meseta *f.*
im Sinne   para efecto de *exp.*
im Voraus   *ex ante* *exp.*
in der Schwebe   en suspenso *exp.*
in Erwartung Ihres Auftrags   en espera de sus gratas órdenes *exp.*
Initiativen setzen   emprender iniciativas *exp.*
Input   insumo *m.*
ins Auge sehen   encarar *v.*
jeweils   respectivamente *adv.*
juristische Person   persona jurídica *exp.*

Kapitalbilanz   balanza de capital a largo plazo   *exp.*
Kapitaleinlage   aportación de capital   *exp.*
Karriere   trayectoria profesional   *exp..*
kartesische Koordinaten   coordenadas cartesianas   *exp.*
klar   acusado   *adj.*
Kollektivvertrag   convenio colectivo   *exp.*
Kompensationsquote   cuota compensatoria   *exp.*
Konkurrenzfähigkeit   competitividad   *f.*
Konkurs anmelden   declararse en quiebra   *exp.*
Konservierung   conservación   *f.*
Korn   grano   *m.*
Körperschaft   entidad   *f.*
Kraftfeld   campos de fuerza   *exp.*
Krankenstand   baja médica   *exp.*
Kunstfaser   fibra sintética   *exp.*
Kupfer   cobre   *m.*
Kürze   concisión   *f.*
Küstengebiet   litoral   *m.*
landen   tomar tierra   *exp.*
landwirtschaftliche Produkte   productos agropecuarios   *exp.*
lästig   engorroso   *adj.*
laufende Einkünfte   ingresos corrientes   *exp.*
laufende Zahlungen   gastos corrientes   *exp.*
laufendes Jahr   año en curso   *exp.*
leiden   padecer   *v.*
Lieferant   proveedor   *m.*
Lieferung   suministro   *m.*
Liquiditätsanlagen   inversiones líquidas   *exp.*
Lohnempfänger   asalariado   *m.*
mächtig   pujante   *adj.*
man muss es hervorheben   ha de destacarse   *exp.*
Meinung   parecer   *m.*
messbar   mesurable   *adj.*
mildern, mäßigen   atemperar   *v.*
mindern (Motivation)   desincentivar   *v.*
mit Bezug auf   con referencia a   *exp.*
mitbringen   entrañar   *v.*
Muße   ocio   *m.*
Muster, Beispiel   paradigma   *m.*
Nachfrage nach Arbeit   demanda de empleo   *exp.*
Nachkommenschaft   posterioridad   *f.*
Nettovermögen   activo neto   *exp.*
neu   novedoso   *adj.*
offenkundig   manifiesto   *adj.*
öffentliches Abgabensystem   sistema público contributivo   *exp.*

ofizielle Anweisung   letra oficial   *exp.*
Ordinatenachse   eje de ordenadas   *exp.*
Oszillationsbreite   banda de oscilación   *exp.*
passend   congruente   *adj.*
pendeln   oscilar   *v.*
Personensucher   buscapersonas   *m.*
Pflanzenschutzmaßnahmen   medidas fitosanitarias   *exp.*
Platz   cupo   *m.*
Preisnachlaß   bonificación   *f.*
prekäre, missliche Lage am
Arbeitsmarkt   precariedad en el empleo   *exp.*
Prestige, Ansehen   prestigio   *m.*
Produktionsfluß   flujo de producción   *exp.*
prophezeien   vaticinar   *v.*
prozessabhängig   procesual   *adj.*
Punktdiagramm   diagrama de dispersión   *exp.*
quasigenerell   cuasigeneral   *adj.*
Rechnungsbetrag   importe de la factura   *exp.*
Rechnungsjahr   ejercicio   *m.*
Rechtsminderung   merma de derechos   *exp.*
Referent   ponente   *m.*
regieren   regir   *v.*
registrierte Arbeitslosigkeit   paro registrado   *exp.*
Reinheit   pulcritud   *f.*
Reklamation   reclamo   *m.*
rentabel   retribuido   *adj.*
Rentenbilanz   balanza de rentas   *exp.*
Rubrik, Spalte   rúbrica   *f.*
Rückzahlung   amortización   *f.*
Schaden   detrimento   *m.*
schließen   deducir   *v.*
Schriftkopf   encabezamiento   *m.*
schützen   preservar   *v.*
schwache Stelle   punto débil   *exp.*
Sehnsucht   añoranza   *f.*
Soz.Schicht   estrato   *m.*
Sozialleistung   prestación   *f.*
Stammgast   cliente habitual   *exp.*
stehenbleiben   estancarse   *v.*
Stellungnahme   postura   *f.*
Steuer   tributo   *m.*
Steuerlast   presión fiscal   *exp.*
Stolz   soberbia   *f.*
Straßeninfrastruktur   infraestructuras viarias   *exp.*
Strenge   rigidez   *f.*

Stufenplan   economías de escala   *exp.*
stürzen   derrumbarse   *v.*
tätige Bevölkerung   población activa   *exp.*
tatsächliche Aktiva   activos reales   *exp.*
Tausch   trueque   *m.*
Träger   portador   *m.*
Träger, Stütze   soporte   *m.*
trainieren   entrenar   *v.*
Treue   lealtad   *f.*
Übereinstimmung   convergencia   *f.*
überlassen   ceder   *v.*
Überschuß   superávit   *m.*
übersehen   pasar por alto   *exp.*
Übersetzung   transliteración   *f.*
Übertragunsbilanz   balanza de transferencias   *exp.*
überwiegen   prevalecer   *v.*
um das Ziel zu erreichen   para que el arco llegue al puerto   *exp.*
Umfang   alcance   *m.*
Umformer   transformador   *m.*
Umgebung   entorno   *m.*
umgewandelt   convertido   *adj.*
umreißen   trazar   *v.*
Umstellung   reconversión   *f.*
unangebracht   improcedente   *adj.*
unberührbar   intangible   *adj.*
undurchführbar   inviable   *adj.*
Unternehmensführung   gestión   *f.*
Unternehmung, Geschäft   transacción   *f.*
unterstützbare Entwicklung   desarrollo sostenible   *exp.*
Unterstützung   sustentabilidad   *f.*
unvereinbar   reñido   *adj.*
unvermeidlich   insoslayable   *adj*
unvorhergesehen   imprevisto   *adj.*
unwiderruflich   irrevocable   *adj.*
Urteil   dictamen   *m.*
velangte Bedingungen   condiciones exigidas   *exp.*
Verbilligung   abaratamiento   *m.*
verbunden, verknüpft   vinculado   *adj.*
verdichten   comprimir   *v.*
verdrängen   desplazar   *v.*
vereinigen   converger   *v.*
Verfügbarkeit   disponibilidad   *f.*
Verhandlungsrunde   ronda de negociaciones   *exp.*
Verkauf, Absatz   colocación   *f.*
Verkehrsdichte   densidad del tráfico   *exp.*

Verlangsamung   desaceleración *f.*
Vermögen   patrimonio   *m.*
Vermögensumlauf   rotación del activo   *exp.*
Versandanzeige   aviso de expedición   *exp.*
Verschachtelung   entremado   *m.*
Verschuldungskosten   costes de endeudamiento   *exp..*
Verschuldungsrate   tasa de endeudamiento   *exp.*
Verschwendung   despilfarro   *m.*
versuchen   procurar   *v.*
Versuchung   tentación   *f.*
verursachen   implicar   *v.*
verwirren   barajar   *v.*
Verzeichnis   repertorio   *m.*
vollstopfen   abarrotar   *v.*
Voraussehbarkeit   previsibilidad   *f.*
Vorauszahlung   pago por adelantado   *exp.*
vorhersehen   prever   *v.*
Vorrede   preámbulo   *m.*
Vorurteil   prejuicio   *m.*
Vorzeitigkeit   anterioridad   *f.*
wachsam machen   alertar   *v.*
Wartung   mantenimiento   *m.*
Wechsel der Reserven   variación de reservas   *exp.*
Weiterverbreitung   proliferación   *f.*
Wertzuwachs, Mehrwert   valor agregado   *exp.*
wettbewerbsfähig   competitivo   *adj.*
wetten   apostar   *v.*
widersprüchlich   contrarrestada   *adj.*
Wiedereinsetzung   reintegro   *m.*
Wiederherstellung   restauración   *f.*
wiederholen   reiterar   *v.*
wirtschaftliche Rentabilität   rentabilidad económica   *exp*
Wohlfahrt   *welfare   angl.*
Wohlstand   bienestar   *m.,* prosperidad   *f.*
wohltätig   benéfico   *adj.*
zahlbar in..Tagen, Zahlungsziel   pagadero en el plazo de... días   *exp.*
Zahlung, Kasse gegen Rechnung   pago al recibo de la factura   *exp.*
Zahlungsanzeige   aviso de pago   *exp.*
Zahlungsbilanz   balanza de pagos   *exp.*
Zielzahlung, Ratenzahlung   pago diferido   *exp.*
Zivildienst   prestación social sustitutoria   *exp.*
Zoll   arancel aduanero   *exp.*
Zollgebühren   derechos de aduana   *exp.*
Zugang   acceso   *m.*
zur Folge haben   comportar   *v.*

zurückgreifen auf   recurrir [a]   *v.*
zurückhalten   frenar   *v.*
zurückschlagen   rebatir   *v.*
Zusammenfassung   reseña   *f.*
Zuschlag   recargo   *m.*
Zustimmung   concenso   *m.*
zuverlässig   fiable   *exp.*
Zuwendung   dotación   *f.*
Zweifel   incertidumbre   *f.*